普通高中新课程理论与实践丛书

总主编　刘永康　李志全

高中地理新课程的理论与实践

主编　徐留兴

高等教育出版社

内容提要

《普通高中新课程理论与实践丛书》在深入研究总结全国普通高中课程改革取得的成果和经验的基础上，对国内外高中课程教学理论和实践进行了系统的思考和研究，力图进一步厘清课程改革的理论脉络，解决在课程改革实践中所遇到的问题和困惑，希望进一步加强对高中课程改革参与者的专业引领和实践指导。丛书既是高中教师新课程培训教材，也可作为高等院校本科生、研究生进行高中课程改革理论与实践学习和研究的参考教材。

《高中地理新课程的理论与实践》是其中的一册。主要内容包括：地理新课程的实施背景、理念、目标和设计思路，当代地理学的前沿领域与发展趋势，地理新课程教学中的若干问题，地理教学评价的主要内容及方法，"活动"在地理教学中的作用等。旨在使教师加深对高中地理新课程的认识、理解和实施的自觉性，促进地理教师专业素养的发展和提升。

图书在版编目(CIP)数据

高中地理新课程的理论与实践/徐留兴主编．—北京：高等教育出版社，2008.5

（普通高中新课程理论与实践丛书/刘永康，李志全总主编）

ISBN 978-7-04-023844-0

Ⅰ.高… Ⅱ.徐… Ⅲ.地理课-教学研究-高中 Ⅳ.G633.552

中国版本图书馆 CIP 数据核字(2008)第033298号

策划编辑 王宏凯 **责任编辑** 徐丽萍 **封面设计** 于 涛 **责任绘图** 黄建英
版式设计 范晓红 **责任校对** 刘 莉 **责任印制** 尤 静

出版发行	高等教育出版社	购书热线	010-58581118
社　　址	北京市西城区德外大街4号	免费咨询	800-810-0598
邮政编码	100120	网　　址	http://www.hep.edu.cn
总　　机	010-58581000		http://www.hep.com.cn
		网上订购	http://www.landraco.com
经　　销	蓝色畅想图书发行有限公司		http://www.landraco.com.cn
印　　刷	北京东光印刷厂	畅想教育	http://www.widedu.com
开　　本	787×960 1/16	版　　次	2008年5月第1版
印　　张	12.75	印　　次	2008年5月第1次印刷
字　　数	220 000	定　　价	19.00元

物料号 23844-00

编写委员会

主　　任: 周介铭　汪风雄

副 主 任: 钟仕伦　张　健

成　　员: 赵仕林　李树勇　杜　伟　张晓林　刘永康
李志全　彭蜀晋　徐留兴　陈　辉　靳　彤
徐作英　张　红　嵇　敏　王力邦

丛书策划: 赵仕林　刘永康　李志全　庚光蓉

丛书主编: 刘永康　李志全

总　序

我国的普通高中新课程实验自2004年启动至今，已有16个省份进入高中新课程实验阶段，按照教育部规划，2010年前全国所有省份的普通高中都将进行新课程实验。本次普通高中新课程改革是一场洋溢着鲜活时代气息的深刻教育变革，是全面贯彻党的教育方针、全面实施素质教育、全面推进以人为本科学发展观的深入实践，是为了中华民族的复兴、为了每位学生的发展而采取的重要举措，具有重大而深远的意义。

基础教育课程集中体现了国家的教育思想和教育观念，基础教育课程改革在教育改革中处于突出位置，是一项复杂细致的系统工程，需要不断完善、不断建设、不断创新。本次普通高中课程改革就在转变课程功能，改革课程结构、课程内容、课程实施、课程评价、课程管理等方面提出了具体要求。全国高中新课程从实施以来已在很多方面取得了新的突破，如新理念得到学生、家长和学校的普遍认同，初步形成了良好的政策环境，营造了积极的社会舆论氛围，探索了有效的工作机制，创造了适用的实施策略，教学活动出现了许多新气象，实验工作正在有序地向纵深发展。随着实验的推进，实施过程中一些深层次问题也不断显露，如教师培训的实效性、课堂教学的有效性、模块化教材的适应性、三维目标的整体性、课程资源的适切性、专业指导与支持的紧迫性、考试评价制度改革的支持度等，这些问题需要从理论和实践层面进行理性、冷静和辩证的分析和研究，并作出及时、有效和科学的回应，以使课程改革顺利推进。

教师是课程改革实验工作的关键。高中教师作为普通高中新课程改革的实施主体，他们对新课程的认知程度、实施能力和实施水平是高中新课程改革成败的关键性因素。为进一步加强对高中教师的专业引领和实践指导，帮助高中教师正确地把握和实践高中新课程，四川师范大学以所承担的四川省哲学社会科学"十一五"规划重点课题"普通高中新课程理论与实践研究"为载体，组织课题组成员深入全国高中新课程实验省(区)，对课程改革中取得的经验、存在的问题、产生的困惑、出现的误区等作了深入的调研，在此基础上对目前普通高中新课程推进中的理论和实践问题进行了系统、深入的思考和研究，编写了这套《普通高中新课程理论与实践丛书》。本丛书对国内外相关研究文献资料作了系统的研究，力图进一步厘清课程改革的理论脉络，较好地体现科学性和前瞻性；同时，对各实验区取得的成果和经验加以总结，对遇到的问题，特别是对典型案例进行研究，希望加强对高中课程改革理论和实践问题的探索，解决在实践过程遇到的具体问题和困惑；本丛书在内容编排上基本按照思考研讨、理论概述、案例分析、资源链接、教学反思五个部分展开，力求体现理论与实践的统一，凸显应用取向。本丛书是对当前高中新课程教师培训资源的有益补充，既可供高中教师新课程培训和后续研修使用，也可作为高等院校本科生、教育硕士生了解、研究普通高中新课程的教材。

本课题的研究及本丛书的编写得到了部分省市(区)高中课程改革实验区教育行政部门、教育教学研究机构、高等师范院校和高中学校有关领导、专家和教师的精心指导和大力支持，在此，向他们表示衷心的感谢和崇高的敬意！高等教育出版社基础教育与教师教育分社的领导和编辑为丛书的编写、出版付出了艰辛的努力，对此我们表示深深的感谢！在丛书编写过程中，我们参考了国内外许多学者的著作、论文，有的已征得了同意，在此致以诚挚的谢意！因种种原因，尚未联络到的学者，请致电(028)84760596 或发电子邮件至 scsdkyc@sicnu.edu.cn 联系付稿酬事宜。由于水平所限，丛书肯定存在疏漏之处，恳请广大教师予以批评指正。

编委会

2008 年 3 月

目　录

前　言

目前，我国高中地理课程改革正在全面、深入地开展中，为了设计具有时代性和基础性的高中地理课程，培养学生地理素养和地理意识，从多方面满足学生对地理学习的需要，增强学生学习地理知识的能力和可持续发展的地理观念，四川师范大学地理与资源科学学院在四川省教育厅、四川师范大学的牵头组织下，参与编写了《高中地理新课程的理论与实践》一书。

本书以《普通高中地理课程标准(实验)》为指导，按照国家地理新课程标准精神，在广泛关注全国地理课程改革方面动态的基础上，结合四川省地理教育现状，依托中国地图出版社2003年出版的《地理必修1》、《地理必修2》和《地理必修3》编写而成。全书分为教育理论篇、教学策略篇、教学评价篇和教学资源篇四篇，从地理学科的特点出发，以教育一线的广大地理教师和高等院校地理科学专业本科生为读者对象，研究了四川省高中地理教育的情况，在深化理论研究的同时，更加注重实践的探索，特别是对存在的薄弱环节，如现行的高考政策对课程改革的制约及怎样做到知行统一等问题进行了思考。绝大部分讲又由思考研讨、理论概述、资源链接和教学反思等部分组成。第5讲内容鲜有实际案例，故没有教学反思部分。有些讲还增加了案例分析部分。它们分别是提出问题，介绍理论，分析典型案例，提供资源链接，开拓读者思路，最后落实到具体的教学实际中，通过引用一些文章进行教学反思，以期给读者留下思考和探讨的空间。本书是一本引领读者进入四川高中地理课程改革，了解改革动态，注重理论与实践相结合的培训教材。

本书共分16讲，具体执笔分工如下：教育理论篇——第1讲至第4讲，鲜洁；教学策略篇——第5讲至第6讲，李世强，第7讲至第9讲，罗怀良，第10讲，徐留兴；教学评价篇——第11讲至第14讲，徐留兴；教学资源篇——第15讲至第16讲，罗怀良。最后由徐留兴统稿。

本书的研究，旨在加强与高中地理基础教育、广大一线地理教师的联系和沟通，给政府的教育改革提供参考意见，也为高等院校师范教育改革提供参考意见。

由于时间紧、任务重、课题新、经验少，本书的编写难免会有不尽如人意之处，敬请予以批评指正，更希望本书能起到抛砖引玉的作用，让广大读者在阅读思考之余，写出更符合四川省情，更贴近高中地理教育实际的文章，与我们交流，以利于我们进一步的修改提高。

编　者

2008 年 3 月

教育理论篇

- 地理新课程的实施背景
- 高中地理新课程理念解读
- 高中地理新课程目标
- 高中地理新课程的设计思路

第1讲
地理新课程的实施背景

思考研讨

1. 中学地理学科与其他学科相比,在教学内容、教育思想、教学方法、教学过程方面所具有的独特之处。

2. 当代科学和社会发展对中学地理教育的影响。

3. 在理解高中地理新课程改革的必要性与可行性方面,你有哪些体会?

理论概述

地理教育在中国已经有近百年的历史,它在国民素质教育、国家实施科教兴国战略和可持续发展战略中具有非常重要的作用。一定时期的学科教育内涵总是与其所处时代的特征相适应的。随着时代的进步,我国的中学地理教育也经历了多次调整。当下,社会在发生深刻变革,各门学科迅速发展,技术手段日新月异……对我国基础教育提出了新的要求和挑战。伴随我国新一轮的基础教育课程改革,普通高中地理教育将发生较为深刻的革新,涉及地理教育理念、教育目标、教学方法、教学的内容结构以及教与学的过程等方面。本次高中地理新课程的提出与研制同样有其深刻的学科背景和社会背景。

一、高中地理课程的功能定位

(一) 地理课程的性质

有教育就有课程,地理课程立足于地理科学。地理学是研究地理环境以及人类活动与地理环境相互关系的科学。它具有两个显著的特点:第一,综合性。地理环境由大气圈、水圈、岩石圈、生物圈以及人类智慧圈等圈层所构成,是地球表层各种自然现象、人文现象有机组合而成的复杂系统。因此,地理学是一门兼有自然科学性质与社会科学性质的综合性科学。第二,地域性。地理学不仅研究地理事物的空间分布和空间结构,而且阐明地理事物的空间差异和空间联系,并致力于揭示地理事物的空间运动、空间变化的规律。地理学在现代科学体系中占有重要的地位,在解决当代人口、资源、环境和发展问题中具有重要作用。①

高中地理课程兼跨"人文与社会"和"科学"两个学习领域,是高中学生在九年义务教育阶段地理学习的基础上,进一步学习地球科学知识、掌握地理技能和方法、认识人类活动与地理环境之间的关系并树立可持续发展观念的一门基础课程。

(二)高中地理课程在素质教育中的地位

素质教育是为了适应全球政治、经济、科技、文化的高速发展,培养高素质人才而提出的一种新的教育思想和教育理论。高中地理是一门基础课程,其教学目的是培养学生掌握地理基本理论、基本方法、基本技能并运用这些理论和技能探究和解决现实社会中与地理相关的实际问题的能力,从而提高学生认识世界、改造世界的能力和素质。可以说,高中地理教育是实施基础素质教育的一个重要组成部分,占有重要的地位。

现实情况的另一面是,当代由于社会变革、人口增加而带来的资源量锐减、环境问题日益突出、自然灾害频繁发生等问题层出不穷,并且有愈演愈烈之势,这些问题的解决亟待地理科学和与之相关的技术的大力发展并在人类社会大力倡导可持续发展理念。现实要求生活在地球上的每个公民都具有一定的地理知识和地理素养,从而使地理教育成为其他学科无法替代的科学。因此,高中地理课程也肩负着培养学生正确的人口观、资源观、环境观、社会相互协调的可持续发展观的责任,这是高中地理课程在推进素质教育的过程中所担负的历史使命。为此,新课程也提出,"全面推进素质教育,要求从学生的全面发展和终身学习出发,构建体现现代教育理念、反映地理科学发展、适应社会生产生活需要的高中地理课程"②。

二、地理科学的发展对地理课程的影响

(一)地理学发展趋势

地理学是一门古老的学科,主要研究人地关系,其面对的是地球表层由大气圈、水圈、岩石圈、生物圈与人类智慧圈所构成的统一整体,是一个包含各种自然现象和人文现象的巨系统。地理学的传统研究领域就是认识发生在地球表层的

① 教育部. 普通高中地理课程标准(实验),2003。
② 教育部. 普通高中地理课程标准(实验),2003。

各种自然和人文现象的分异和组织规律。江泽民同志在为2000年6月30日出版的美国《科学》杂志撰写的题为《科学在中国:意义与承诺》的文章中指出:“中国正处在发展的关键时期,面临着优化经济结构、合理利用资源、保护生态环境、促进地区协调发展、提高人口素质、彻底消除贫困等一系列重大任务。完成这些任务都离不开科学的发展和进步。”显然,地理学是实现这些国家重大任务的重要支撑学科之一,并且为克服经验性、描述性研究的局限,自然地理学的研究逐渐开始注重野外定点观测和室内的实验研究,人文地理学逐渐注重地理空间的人流和物流的调查分析。

进入21世纪,我国地理学发展方向表现为:第一,国土整治研究。包括区域性的资源开发利用、生态环境退化的监控与治理、全球变化及其区域响应。实际上,如全球环境变化和发展问题以及全球一体化和区域多样化等问题也是国际上地理学研究发展的方向。第二,区域发展研究。了解我国的区域差异和特点,研究区域自然、生态环境、资源利用和城乡发展等问题,是实现因地制宜和协调人地关系所必需的。第三,地理信息应用研究。地理信息系统技术、遥感技术以及空间技术的应用是地理学也是地球科学发展的重要推动力量。发展地理信息科学,可以为区域社会经济可持续发展与生态环境保护提供分析预报和决策支持的新的科学技术手段;为地球科学研究及其他有关学科研究提供时空信息,也是进行资源与生态环境研究分析、预测预报和时空调控的科学基础。这些技术可以用于其他学科,但是地理学对其发展和应用起到基本的作用。①

地理学在目前的发展趋势上,呈现出两种并存的趋势。其一,从“过程”入手,采用实验和微观研究的方法,探讨地理事物成因和变化机理。自然地理侧重生物、化学和物理等过程的研究。人文地理侧重经济、文化和社会过程的探讨。由此导致地理学在微观研究层面的进一步分化。其二,以全球问题为对象进行宏观层面的综合集成研究,解决人地关系、可持续发展等战略性问题。在地理学内部表现为人文地理与自然地理的相互渗透,重大的自然地理过程纳入了人类活动因素的驱动力研究,而人文地理研究也将资源与环境作为作用因素和决策目标的有机组成部分。在地理学外部则更多地强调对地球4大圈层的相互作用关系的研究,人类发展与环境问题成为21世纪地球系统科学研究的共同主题。②

---

① 陆大道,蔡运龙. 我国地理学发展的回顾与展望——地理学:方向正在变化的科学//地理学发展方略和理论建设——世纪之初的回顾与展望. 商务印书馆,2004。

② 樊杰,许豫东,陈澄,等. 中国的地理基础教育研究——兼论我国中学地理课程标准的目标与内容结构//地理学发展方略和理论建设——世纪之初的回顾与展望. 商务印书馆,2004:101。

（二）地理学发展与地理教育

地理科学的发展促进了地理教育的发展，一定时期地理教育的思想、地理教学内容、教材编写、地理知识系统等应当与当时的地理学思想理论相适应；反过来，地理学思想理论和技术方法的进步也成为地理课程改革的依据。比如历史上的“环境决定论”、“人地关系论”、“地球表层科学论”等，对不同时代的地理教学产生了很大的影响，左右着整个地理教育系统。

从地理学的发展趋势可以看出地理科学的发展，越来越注重对环境中多要素的综合特征及其变化规律的研究，并将目光逐渐由自然支配的环境变化转移到由人类支配的环境变化上。地理学家越来越重视参与全球问题和国际性的研究计划，信息化成为地理学发展的重要推动力量，可持续发展战略被提高到前所未有的高度。

因此，地理教育改革应该顺应地理科学研究的综合化和实用化改革方向，在地理课程改革中，注重理论联系实际，强调引导学生参与教学过程、进行独立思考和探究性学习。要求在地理课程内容中体现出地理学的发展变化。比如，地理学的综合性特点以及地理事物的复杂性，要求学生锻炼和具备用综合的、联系的观点分析和看待地理事物和地理问题。本次高中地理课程设计，就提倡“自然地理、人文地理和区域地理的联系和融合”，“理解人类赖以生存的自然地理环境的主要特征，以及自然地理环境各要素之间的相互关系”。在必修课程的三个模块中，涵盖了现代地理学的基本内容，避免了过去对自然地理和人文地理的分离和割裂。又比如，基于对人类活动影响环境变化的认识和关注，高中地理新课程中的三个必修模块都是按照人地关系和可持续发展的思想统一设计的：“地理 1”主要说明自然环境对人类活动的影响；“地理 2”主要说明人类活动与地理环境的协调发展；“地理 3”主要说明在一定区域内如何协调人地关系、实现区域的可持续发展。

在地理新课程设计中，还体现出注重现实问题，表现出一定的实用化趋势。在高中三年级的地理选修课中，没有按照传统方式讲述中国区域地理，而是结合我国国土整治的实际，以典型区域为例对城乡建设规划、旅游活动设计、自然灾害的防减、资源利用与生态环境保护等问题加以分析。“3S”技术的发展和应用作为地理学现代化的重要手段，对学生的地理技能的培养有不可估量的影响。新课程必修模块“3”涉及部分这方面的内容，在选修模块“7”中，完整地介绍了“3S”技术，以供学生根据自身的情况选择。使地理新课程“充分考虑信息技术对地理教学的影响，营造有利于学生形成地理信息意识和能力的教学环境”①。

---

① 教育部．普通高中地理课程标准（实验），2003。

它们对于补充学生的实验操作技能,提高动手能力和分析能力,开拓学生的地理科学视野都非常有益。

三、社会、经济、文化发展对地理课程的影响

(一) 社会发展对地理课程的影响

从20世纪末到21世纪初的几十年间,我国社会发展取得了巨大进步,也发生了深刻变化,国家正阔步迈入开放型和高效率的信息社会,现代化不仅在物质形态而且在意识形态领域改变着人们。这就对中学地理课程从内容到形式,到教学方法,到学习过程,提出了变革更新的要求,要求中学地理课程要教会学生以更新和更广阔的角度看待社会、经济和生态环境问题,能重新审视我们赖以生存的自然环境,要能对人地关系和可持续发展作出综合性和前瞻性的深入思考。

社会发展有两个不容忽视的趋势:其一,由于高度重视环境演变问题,环境伦理道德观以及可持续发展观将成为人类社会的主流意识,以此对现代化道路与前景、发展方式与效果的选择和评价,将对人类的生存与发展产生全方位的深刻影响;其二,全球性问题逐步融入人们的日常生产与生活活动当中,社会结构的多样性与趋同性并存。①

社会发展要求地理课程深入分析环境与发展的重大现实问题。环境演变和维护是地理课程中应当加强的一个内容,并在情意领域培养学生正确的资源意识、人口意识、环境意识和可持续发展观念。人类活动一方面使社会经济文化空前繁荣,另一方面也给生态环境造成了广泛的破坏,如全球气候变暖、自然灾害日益频繁、资源粗放式的开采和浪费、生物多样性受到前所未有的威胁、城市化发展带来的负面效应等。新课程对这些问题强调从地理原因上予以深刻剖析,在高中选修部分设置"环境保护"模块(第六个模块),涉及环境、资源、生态、污染等诸多问题。该部分突出了地理学的学科特点和应用价值,赋予学生以使命感和危机感。21世纪以来,我国以及世界范围内的自然灾害愈来愈频繁,呈现出多因强化和区域性的特点。很多灾害在很大程度上是由于人类不计后果的行为导致某些有害自然过程加速而造成的,比如破坏草场草原、滥砍滥伐防护林等一系列短期行为,结果造成北方土地严重沙化,并引发频繁的沙尘暴;黄土高原植被破坏使水土流失愈演愈烈;我国每年夏季大江大河中下游地区的洪涝灾害与江河上游源头的生态破坏密切相关等。地理课程应当通过这些内容的设置,使学生对破坏生态环境的行为的后果形成深刻认识,树立起良好的社会责任心,养成可持续发展的道德理念并以此培养学生的公民素质。

---

① 陈澄. 普通高中地理课程标准(实验)解读. 江苏教育出版社,2004:6。

我国正处于加速城市化的时期，地理课程应该对城市化与环境保护课题展开全面和深入的探讨，使学生正确理解城市化现象，结合城乡一体化等热点问题认识区域规划与经济发展。在城市地理过程中，既要思考城市的物质建设，更要重点加强城市的精神内涵、文化品位和特色、人才和信息的集约程度，同时强调提供一个既朝气蓬勃又舒适宜人的城市环境。

此外，地球村的提出和世界多元文化发展，对高中地理课程的内容和教学也提出了变革的要求。比如，在世界文化的学习上，努力培养学生以更加开阔的视野接纳各国、各民族的思想文化和风俗传统，并学会求同存异。又比如，在对环境污染和自然灾害部分的学习上，使学生建立起全球联系和区域响应的思想，而不是把环境保护的行为和观念仅仅狭隘地局限在本区域中。

（二）经济发展对地理课程的影响

我国经济发展有三个新的趋势将给我国基础教育的地理课程带来影响。

1．经济全球化发展趋势带来的影响

世界经济由区域发展到国际化，又由国际化步入经济全球化或世界经济一体化阶段，我国已经深刻地参与到经济全球化的过程当中。世界各国和各地区之间的联系越来越紧密，产品的生产和销售、产业的布局和调整不再局限于某个国家或地区，而是通过国际合作并进行国家和地区之间的分工、协调完成；世界生产要素市场已经建立；世界经济分布格局发生巨大变化。这一经济全球化的过程有力地改变了以往区域经济自成体系的封闭状态，从根本上改变了传统的经济空间观念。

地理课程首先必须增加有关世界经济全球化的内容，使学生认识到国家或地区的封闭的经济体系已经被打破，任何国家或地区的经济行为都必须参与到全球的竞争中，对地区和企业的经济活动不能再仅仅从国内或者地区的需要来考虑，而要从全球范围内来分析其可行性。其次，高中地理课程应当引导学生正确分析全球经济形势和国际市场行情的变化，掌握世界经济的变化趋势①。让学生从认识身边的事物上升到认识国家、地区和全球经济现象的高度，比如从中外合作、中外合资经营的企业行为到跨国公司、地区经济组织以及世界贸易组织在中国或全球的经济活动，加强学生对世界经济一体化的认识。也可以引导学生从市场供需关系对某种商品的价格的影响以及由此对各国和各地区该商品进出口的影响，逐步发展到综合分析若干商品同时运作对世界经济的影响，如从石油的价格变化分析对世界能源工业，甚至对世界经济发展形势的影响等，进而使学生认识到，只有改革开放，加强同世界各国的经济联系、信息交流和技术合作，

① 夏志芳．地理课程与教学论．浙江教育出版社，2003：5。

本国和本地区的经济发展才能顺应国际市场变化，融入世界经济潮流中。

2. 知识经济时代和新经济的影响

知识经济时代科技进步正成为经济发展的决定因素，知识经济在资源配置上以智力资源、无形资产为第一要素，不再单纯依靠土地、石油等短缺的自然资源的配置。美国前总统克林顿 1997 年在演讲中说："迈向 21 世纪的知识经济，需要一种新的经济战略，而实现教育优先比以往任何时候都更为重要。"实施科教兴国战略是全世界迎接知识经济时代到来的共识，地理学科教育是进行素质教育的重要学科，在知识经济时代中的作用不容忽视。知识经济需要创新的地理教育观念，尤其需要有效地形成学生新的地理价值观、发展的地理知识观和积极的人文观。特别是在人文地理方面，要让学生了解，随着知识经济的到来，传统的经济运作模式逐渐落伍，国民经济的科技含量不断提高，技术进步正在成为国家和地区经济竞争的关键因素，从而帮助学生树立"科学技术是第一生产力"的思想，培养学生新的价值取向、新的市场观和科技创新意识。

同时，知识经济时代要求地理教育教会学生获取知识信息的本领，而不仅仅是现成的、一成不变的地理知识。在知识爆炸和迅速老化的时代，为了适应科技发展和地理知识更新速度加快的现实，对地理的终身学习成为必然趋势。地理教育就要构建社会化的终身学习体系，在这个体系的塔基，即学校地理教育这一块，要求强化基础和突出学科特点，培养学生扎实的创新的地理知识和现代化的个人素质。

新经济，即是由新技术革命所推动的经济发展与增长①。与传统经济不同，新经济克服了高失业率、高通货膨胀率、经济周期性波动等弊病，实现"两高一低"的发展，即高就业率、高经济增长率和低通货膨胀率。当前推动经济增长和发展的是信息技术革命，涌现出大批高新技术企业，出现一个技术创新的高潮时期。以高技术为支撑，通过信息技术、互联网紧密联系起来的经济集合体所参与的国际竞争是无国界的，并且经营运作周期明显缩短，与传统的市场竞争方式有天壤之别。地理课程为适应这一国际大趋势，应当将新经济及其发展介绍给学生，将地理领域的信息技术引入课堂，鼓励学生运用"3S"技术，用计算机和互联网来认识新的人文地理事物和现象，学会分析和解决现实生活中的具体问题。

3. 经济发展应当遵循可持续发展思想

在现实社会的经济发展中出现了各种各样的现实问题，比如资源枯竭、环境污染、区域发展失衡等，对地理课程的深化并与社会经济实际相结合提出了挑战。为此，地理课程必须贯穿社会、经济、环境可持续发展的思想，其核心是：健

① 夏志芳. 地理课程与教学论. 浙江教育出版社，2003：6。

康的经济发展应当是建立在资源保护、社会公平、人民生活质量和文化多样化受到尊重、生态可持续的基础上,而不单纯用国民生产总值指标,而是用社会、经济、文化和环境等多项指标来全面衡量的综合性发展。

在地理新课程中就要贯穿这一思想,使学生运用联系实际的观点,综合地分析环境与发展、人口与经济、资源与市场、乡村与城市、沿海与内地、东部与西部、当代与后代等一系列发展关系。向学生介绍绿色 GDP 提出的重大意义,认识到经济发展不能以牺牲生态环境为代价,而应当以不降低环境质量、不破坏自然资源平衡为本,不对地球将来长远的发展构成威胁来培养学生的环保意识。在地理课程中可以利用一些典型灾害事件或者典型数据来加以说明。

(三)文化发展对地理课程的影响

文化是一定区域在社会发展过程中创造出来的观念形态、精神产品、生产生活方式的总括,既包含精神层面也包含物质层面和体制制度层面,在本质上并不是一个具体的事物,而是一个不断发展的过程。文化发展对于地理课程的影响,主要反映在区域文化景观的变化和差异,也体现在国家和地区文化内涵和精神文明方面。地理课程的文化教育重点在培养学生的地域文化知识和一定的环境审美能力以及积极向上的社会态度、道德准则和正确的行为规范。

与物质文化发展相适应,地理课程教育学生分析不同区域所具备的不同的文化特征对各地区生活和生产方式的影响,探讨经济发展方式与周围文化内涵的内在联系,防止学生总是用一种思维定式去看待丰富多彩的世界。

精神文化主要指文化心理、社会意识、价值观念和思想信仰等,高中地理新课程应当从这个角度出发与时俱进地改革课程设计,把环境教育和可持续发展作为地理教育的核心内容,强调组成学生正确的资源观、环境观和价值观,从可持续发展的角度,培养学生勤俭节约的美德,摒弃浪费资源和破坏环境的生活方式;要注意培养学生的爱国情感,地理课程有责任教育学生尊重、保护、弘扬本民族的优良传统和文化遗产,教育学生在学会选择现代文化的同时,保持对传统文化的理解、尊重与爱护,并把其中优秀的文化精神加以继承;地理课程应当将美学教育放在综合文化素质教育的重要位置,立足于人类与环境的协调美,即人与自然的高层次的和谐统一,追求古人提倡的“天人合一”的高尚境界。新课程应加强地理美学和审美情趣方面的内容,一方面介绍世界各地的美妙景观、特色城市和优美建筑,告诉学生“美在哪里”,另一方面还要引导学生去分析本地区的景观特色和文化风格,在此过程中提高学生的学习兴趣,陶冶学生的艺术情操。

资源链接

[1] 樊杰,许豫东,等.中国的地理基础教育问题研究——兼论我国中学地理课程标准的目标与内容结构.地理研究,2002,20(5).

[2] 史培军,宋长青,等.中国的地理教育:继承与创新.地理学报,2003,58(1).

[3] 夏志芳.地理课程与教学论.杭州:浙江教育出版社,2003.

[4] 袁书琪.地理教育学.北京:高等教育出版社,2001.

[5] 陈尔寿.中国中学地理教育的发展变化//面向21世纪的中国地理科学.上海:上海教育出版社,1997.

[6] 杨尧.中国近现代中小学地理教育史:上、下册.西安:陕西人民教育出版社,1991.

[7] 王树恩.人类与环境.天津:天津大学出版社,2002.

[8] 张超,段玉山.地理教育展望.上海:华东师范大学出版社,2002.

教学反思

【反思文章】

新课程改革"改"什么?①

改变课程过于注重知识传授的倾向,强调形成积极主动的学习态度,使获得基础知识与基本技能的过程同时成为学会学习和形成正确价值观的过程;改变课程结构过于强调学科本位,科目过多和缺乏整合的现象,设置综合课程,以适应不同地区和学生发展的需求,体现课程结构的均衡性、综合性和选择性;改变课程内容"繁、难、偏、旧"和过于注重书本知识的现状,加强课程内容与学生生活、现代社会和科技发展的联系,关注学生的学习兴趣和经验,精选终身学习必备的基础知识和基本技能;改变课程实施过于强调接受学习、死记硬背、机械训练的现状,倡导学生主动参与、乐于探究、勤于动手,培养学生收集和处理信息的

---

① 节选自甄鸿启.领跑课程改革.见高中新课程教学启示录:地理教学案例分析,山东教育出版社.作者:济南市第三中学教师。

能力、获取新知识的能力、分析和解决问题的能力以及交流与合作的能力；改变课程评价过于强调甄别与选拔的功能，发挥评价促进学生发展、教师提高和改进教学实践的功能；改变课程管理过于集中的状况，实行国家、地方、学校3级课程管理，增强课程对地方、学校及学生的适应性。

从这次课程改革的有关论述中我们不难体会到，最终的目标是为学习者的终身发展服务，而非传统教育的功利性、选拔性。唯有此，国家才有创造性，国家的发展才会有不竭的动力。

【反思探究】

教育的背后是民族，但民族的发展需要的不仅仅是简单的教育，而是充满活力、勇于创新、与时俱进的教育。现代社会在科学技术、经济领域以及意识形态等方面正在发生翻天覆地的变化，而现行的基础教育还停留在传统教育阶段。这样的发展不但阻碍教育本身的进步，而且会使教育逐渐与社会脱节，独立于社会发展之外。现行基础教育课程存在的主要问题是：教育观念滞后，使人才培养的目标已经不能完全适应时代的要求；课程内容和结构体系与学科发展距离拉大，知识内容陈旧，信息量和与学科前沿的衔接受到局限；教学方式单一、课程评价过于强调甄别与选拔的功能而直指升学考试，使学生的素质训练被忽略，全面发展流于口号；课程管理集中，不能适应实际经济、社会发展的需要和学生多方面学习的需求。

作为教育工作者，应当看到现行教育与社会发展诸多方面所发生的实际上的错位，并致力于教育的革新。但是要提出的是，课程改革并非完全否定过去的教育。传统教育的优势应当得到继承和创新，从而使课程改革形成坚实而深厚的底蕴，形成教育课程改革的一种超越。

第2讲
高中地理新课程理念解读

思考研讨

1. 明确中学地理素养教育的目标、地理素养的提出对高中地理课程产生了什么样的影响？

2. 你所在的高中是否开展了地理研究性学习？你认为如何才能使研究性学习具有较强的可行性？以课外学习活动为主的地理研究性学习毕竟有限，能否将其引入常规课堂？

3. 如何在统一的学校教育下实现满足学生不同的地理学习需要？

理论概述

理念是个体的认识、经验、行为在其头脑中的系统反映，参与地理教育的实践者的课程理念来自其教育实践基础上的理性认识。旗帜鲜明而又高屋建瓴的理念是实施新课程的指路明灯，也是教育满足社会需要的具体体现。高中地理课程的基本理念是一面旗帜，它鲜明地表达出高中地理课程的主要观点，将启迪全国中学地理教育工作者对自己的教育、教学、研究和管理行为进行新的思考，尝试以新的课程理念分析教育实践并创造性地参与到新课程的改革中来。《普通高中地理课程标准(试验)》提出高中地理新课程的基本理念是：培养现代公民必备的地理素养，满足学生不同的地理学习需要，重视对地理问题的探究，强调信息技术在地理学习中的应用，注重学习过程评价和学习结果评价的结合。

一、培养现代公民必备的地理素养

(一) 地理素养的含义

1. 地理素养的概念

素养就是平时修养而成的知识、能力、品德、观念、方法等，根据不同的应用领域可以划分为不同的类型，比如科学素养、人文素养、文学素养、艺术素养等。科学素养是指了解并能够进行个人决策、参与公民和文化事务、从事经济生产所需要的科学概念和科学过程。科学素养最基本的含义是指学生能够合理地将所学到的科学知识运用到社会和个人生活当中。地理素养作为科学素养的重要组成部分，是指一个人由训练和实践所获得的参加社会生活、经济活动、生产实践和个人决策所需要的地理知识、地理技能、地理能力、地理意识以及相关的情感态度和价值观。①

地理素养的概念是伴随全球性人口、资源、环境等问题日益突出，而地理学在解决这些问题上又显现出巨大的优势而提出来的。从20世纪80年代开始，人们逐渐认识到自己所面临的主要困难和地理问题有很大的关系，通过地理学可以认识甚至解决这些困难，并将地球建设得更加美好。公民具备一定的地理素养几乎成为生活在现代社会所必须的要求。为此，现代公民迫切需要接受高水准的地理教育。《普通高中地理课程标准(试验)》将提高学生的地理素养作为课程的基本理念之一是符合这样的背景的。

2. 地理素养的构成

地理学是一门旨在解释地区特征以及人类和事物在地球上出现、发展和分布情况的科学。② 它不仅包括以人地关系地域系统为核心的特有知识体系，也蕴涵有区域比较，区域综合与分析、观察，野外实践等独特的思维方法和研究方法，此外它还包含了地理学家在探索过程中所表现出来的科学精神和科学态度。所以，地理科学素养是公众科学素养的重要组成部分，既具备公众科学素养的共性，也融合了地理科学的个性特征。根据地理学科的特点、学生的心理发展水平和未来社会的需求，可以把地理素养的构成划分为地理知识、地理技能、地理能力、地理意识以及与地理相关的情感态度和价值观，如表2-1所示。

表2-1 地理素养的构成③

名称	组成部分	含义
地理素养	地理知识	地理事实、地理名称、地理概念、地理特征、地理规律、地理因果关系、地理空间分布及关系、人与地理环境的关系
	地理技能	提出地理问题的技能、收集地理信息的技能、整理地理信息的技能、分析地理信息的技能、解决地理问题的技能

① 教育部基础教育司，教育部师范教育司. 地理课程标准研修. 高等教育出版社，2004:21。
② 国际地理联合会地理教育委员会. 地理教育国际宪章. 冯以浤，译. 地理学报，1993,48(4)。
③ 袁孝亭，王向东. 中学地理素养教育. 高等教育出版社，2005:13-17。

续表

名称	组成部分	含　义
地理素养	地理能力	地理学习能力、实践能力、生存能力
	地理意识	空间意识、环境意识、全球意识、人地协调观点、可持续发展观点、因地制宜的观点
	与地理相关的情感态度和价值观	求实的科学精神、对地理学与现实生活及社会发展关系的认识、对人地关系的理解、对地理事物的审美观念、社会责任感和道德观等

（二）地理素养是现代公民的基本素养

1. 地理知识与地理技能

地理科学知识是地理素养的基础，是养成地理技能、地理能力、地理意识和地理科学精神的载体。它包括学生应当具备的地理事实、地理名称概念、地理规律、地理因果关系和地理分布、人地关系等内容。总体来说，地理科学知识涵盖了以下几个问题："它在哪里？它是什么样子的？它为什么在那里？它是什么时候发生的？它产生了什么作用？怎样使它有利于人类和自然环境？"[①]在初中地理课程的基础上，高中地理课程进一步提供现代公民必备的地理知识。与初中的课程理念衔接，仍然强调为学生的终身发展奠定基础，将注重与实际相结合，教育学生能够梳理、分析地理事物和现象，并在此基础上逐步学习运用基本的地理原理探究地理过程、地理成因以及地理规律等。对于教学而言，我们要求不但提供学生地理基础知识，这是学生参加社会主义建设必备的知识，而且要介绍能体现时代性的地理知识，即既要教授当今社会使用较多的地理知识，又要教授未来社会仍然有用的地理知识，比如地理信息系统、遥感技术、休闲旅游、海洋、文化景观和可持续发展等。

同时，高中地理课程将观察、分析和解决地理问题的技能贯穿在学科教育中。这些地理技能符合美国《国家地理标准》所确定的五项核心地理技能：提出地理问题的技能、收集地理信息的技能、整理地理信息的技能、分析地理信息的技能、解决地理问题的技能。这些地理基本知识和技能有利于学生沟通横向学科领域，促进相邻学科的学习，是学生构建现代科学文化基础知识体系的有机组成部分，为深入学习地理和其他学科奠定了基础；同时，这些知识和技能是学生进行地理思考的必要条件，是了解自然和人文地理环境的特征和变化过程的特有方法，它不仅关系到学生现在和将来的生活而且关乎他们今后从事社会建设

① 国际地理联合会地理教育委员会. 地理教育国际宪章. 冯以浤，译. 地理学报，1993，48(4)。

的能力和效率。例如,具有地理素养的人可以正确评价商品房的区位优劣和环境质量;通过对区域经济发展及环境资源现状的了解进而预测行业的冷热变化趋势与调整求职方向;懂得负面个体行为所组成的群体行为对某种自然要素的影响,以及自然地理其他要素对此将形成反馈,进而引起环境污染或诱发自然灾害,所以应调控自己的日常行为;能够欣赏自然风光之美以及安排旅行路线与时机,等等。

2. 地理能力

地理能力强调增强学生的地理学习能力、实践能力、生存能力。授人以鱼不如授人以渔,只有当学生真正学会了去学习地理,才能实现终身学习,在学校教育结束后仍然将地理学习当做是一种精神享受和自身发展的需要。这次改革将传递这样一个信息:过分依赖书本、课堂和老师来传授地理知识的时代过去了!

地理实践包括观察、调查、观测、实验能力以及在实践活动中正确使用各种地理仪器设备、地图等工具,从而培养学生的交往、合作、动手、设计、组织、决策等实践能力。对于地理教师来讲,要在高中阶段的地理教学中改变学生机械模仿、被动接受的学习方式,应该有意识地引导或帮助学生设计从事各种方式的地理实践。比如在学习"区域可持续发展"这部分内容的时候,可以设计让学生选择本地有代表性的工厂,通过走访工厂有关部门了解生产流程、废物排放和处理、产出价值;走访政府环境部门、经济部门,获取该工厂对区域经济的贡献以及与区域相关产业的联系、企业污染物种类和排量等情况,并通过查阅有关书籍了解其危害;利用调查数据及结果,分析该工厂对区域经济的带动作用以及所造成的环境污染,提出改进措施,如有可能还可以引导学生进一步分析废物资源化的问题。

地理课程在培养"善于生活的公民"方面是有所作为的。以往的地理知识有知识简单堆砌的倾向,与生活实际比较脱节,不少学生学了几年地理,考试过关,却不会简单地看云识天气,不会阅读地图,不会初步的分析生活环境质量。新课程下的地理教学必须抛弃以课堂为中心、以教材为中心、以教师为中心的知识中心模式,教学的目标定位将从"知识中心"转变到"能力中心"。提供给学生与其生活和周围世界密切相关的地理知识,并强调学生的自觉参与,目标直指能力锻炼。

3. 地理意识

地理意识包括空间意识、环境意识、全球意识以及人地协调观点、可持续发展观点、因地制宜的观点。地理意识是学生非智力因素发展的重要内容,但是遗憾的是,长期以来它们一直是中学地理教育中的"难点"和"弱项"。实际上,地理意识也是地理学科的"核心内容"。但是地理意识只有当人的地理认知达到一定境界后才会发展形成,从而表现出对周遭环境和人类责任的一种自然感悟与意念流露。《自然保护大纲》中有一句名言:环境不是我们从先辈那里继承来的,而是我们从子孙后代那里借来的。从这个意义上说,青少年才是今天环境的主人,让他们从小树立热爱环境、保护环境、为环境事业献身的意识和勇气是现代青少年应该具备的基本素质,也是历史和社会所赋予的不可推卸的义务和责任。地理学习能够让学生体验与感知空间位置,了解与认识空间结构,通过一系列的模拟学习和训练认知和解释周围现实生活中的空间问题,从而有效地发展学生的空间意识和能力;将地理课程树立环境伦理观念视为崇高而神圣的使命;地理课程展现全球不同地域的自然地理环境和人文地理环境的结构和特征,锻炼学生"把天、地、人看成一个整体系统,站在全球和全人类的立场来观察、认识和处理问题。"①为培养并强化学生的全球意识提供了丰富而生动的素材。

4. 地理相关的情感和价值观

地理相关的情感和价值观包括求实创新的科学精神、对地理学与现实生活及社会发展关系的认识、对人地关系的理解、对地理事物的审美观念、社会责任感和道德观等。地理课程不仅提供地理知识,而且培养地理精神、态度、习惯与方法。在地理学习和探究过程中逐渐形成实事求是、尊重实践、勇于创新、团结合作、尊重科学的精神。此外,地理学习使学生接触各具特色的地域文化,领略多姿多彩的民俗风情,从而体验到世界各地地域文化的无穷魅力和享受到人类社会积淀的精神气质,学生通过地理学习,可以获得美的享受、美的陶冶。从这个意义上说地理课已经是一门充满美学意义,同时对人的世界观、审美观、人生观和价值观形成有重要贡献的课程。

二、满足学生不同的地理学习需要

高中地理新课程标准提出"建立富有多样性、选择性的高中地理课程,满足学生探索自然奥秘、认识社会生活环境、掌握现代地理科学技术方法等不同学习需要"的重要理念。地理课程所担负的历史任务是多元的,在不同的历史阶段、不同的学习个体对地理学习的价值取向也是多元的。在现阶段,学生的地理学习需要分为三个层次:满足物质生活的需要,满足精神文化修养的需要,满足科学研究的需要。为满足现代社会学生对知识的不同学习需求,本次高中地理课程改革还提出了时代性、基础性和选择性的原则,尽可能为学生提供丰富的选择机会。

---

① 石中元. 经济一体化与全球意识. 世界潮流,2001,28(7)。

(一)面向生活的地理

1994 年 10 月 20 日,美国《面向生活的地理:国家地理标准 1994》正式出版。该标准第一章第一句"从一种说法:终生的(lifelong)、维持生存的(life-sustaining)、改善生活的(life-enhancing)各种意义来看,地理是面向生活的"。地理与我们生存的地球和人们的日常生活联系最为紧密,它涉及人类的生存空间、生活内容、社会发展。地理学习有利于对这些内容的认识,更大程度地满足生存的需要,同时对地理知识的应用与操作可以帮助学生正确地选择和适应生活环境,优化生活方式,提高生活质量。学生最终要走进社会、走向生活。课程应当体现社会需要,帮助学生了解社会、认识生活环境,才能体现课程的本质功能。面向生活的地理学习是满足学生的生存需要和生活应用需要,即提高学生的生存能力和生活能力。

这种基于地理的生存能力和生活能力表现在:第一,对生活环境的认识和适应。能够应用各种资料和简易的观察仪器,了解所在地区的地质、地貌、河流、气候、生物等自然地理要素的特征及其综合特征以及各要素之间的联系;根据天气预报和看云识天气等常识推测未来的天气变化,并知晓这些变化对生活的影响;清楚所在区域的主要自然灾害类型及组合特点,知道当地灾害的发生发展规律及对人们的危害,具备基本的防灾和灾后自救互救常识;了解当地的资源条件,调整自己的求职方向;根据环境特征和环境变化规律选择自己的居住地,并合理安排日常生活。第二,保护生活环境。知道环境与经济和人类社会发展之间的关系,认可并重视绿色 GDP 的含义;认识环境日益恶化、环境污染加重的现实,对其原因及由此导致的自然灾害等恶果也有清楚的认识;能够评价生活环境质量的优劣,并能对环境采取积极的态度和保护行动。第三,优化生活方式。懂得在不同的环境中采取适当的休闲方式;有能力合理安排路线和方式外出旅游,并对目的地的景观价值有一定鉴赏力,领悟自然与人文的和谐;辨别事物空间分布的有序性,体会空间格局的美,并懂得去欣赏它,使生活充满温馨和浪漫;具备一定的洞察力,面对生活中的问题,能从自然、社会、技术等多个角度去思考,从而把握问题的实质,确保决策的科学性和可行性;运用地理常识了解国内外重大事件的地理背景。

(二)面向精神文化修养的地理

精神文化修养是现代公民作为"文化人"的内在需求。古人说"上知天文,下知地理",意指博识的、有文化修养的人。地理是未来社会公民文化修养的一个重要组成部分。在满足生存层次的地理学习需求之上,面向精神文化修养的地理主要侧重于学生文化修养的提高,满足学生对一定量和一定高度的地理知识和地理技能的获得。正如美国《面向生活的地理:国家地理标准 1994》中所确定的地理的培养目标——就是培养在地理上见多识广的人。这样的人能够用地理的眼光看待世界,但为此他必须具备相应的地理知识、技能和观念。比如这样的例子,如果一个人要看懂报纸上有关亚马孙河流域热带雨林遭破坏情况的地图,他就必须了解地图学的知识,了解亚马孙河的空间位置(南美洲赤道地区的一条河流)以及面积大小(它是一片很大的区域),必须知道生态系统、人类、迁移和经济发展之间的关系。此外他还要想象一幅空间图像(硬木的世界贸易)和考虑生态学的视角(对全球气候的可能的影响)。在读这样一幅图时,知识、技能和视角是不可分割的,这就是地理。①

学生的地理文化修养表现在:第一,必备的地理知识,包括重要的区域地理知识、自然地理知识和人文地理知识及其一般原理。第二,一般的地理技能,包括地理观察、地理读图、地理计算、地理制作等基本技能。第三,正确的地理情感、观念、态度,包括热爱自己的国家,对自然奥秘的探索欲望与兴趣,欣赏地理环境中的美,关心生活的环境质量、关注对生态环境和生命的可持续发展有益或有害的情况,并由此发展形成正确的自然观、环境观、价值观等。②

(三)面向科学研究的地理

这类地理学习需要是最高层次的地理学习。有一部分学生对地理科学怀有浓厚的兴趣,并在一定程度上对地理事物有较高的领悟,在地理问题上具有探索精神。他们学习往往和将来可能从事的地理学科或者其他学科的研究有关系。虽然我国中学地理教育的主要目的是为了绝大多数学生的整体素质的提高,但是培养一部分有兴趣、有潜质的学生将来从事地理及相关学科的科学研究也是十分必要的,这也是中学地理教育面临的历史任务之一。既满足这类学生的需要,也为推动我国地理科学不断进步输送人才。

面向科学研究的地理教育要求:(1)培养地理科学研究能力。可以推动学生进行研究性学习,在老师指导下或者学生自主选择研究对象,组成研究小组开展调查研究并撰写论文报告。在此过程中培养学习的主动性,激活学生的创造潜能;初步培养学生的科学素质和科学态度。(2)追踪地理学科的新发展、新动向。介绍国际和国内当前已经取得的研究成果和正在进行的研究方向,与人类密切相关的研究热点和未来趋势,宣传学科新思想、新观点。(3)掌握一定的地理研究的技术手段。各中学根据实际适当开设课程传授同社会实践关系密切的GIS技术、遥感方法、空间数据应用等。

为满足不同学生的不同的学习需求,高中地理新课程设置了3个必修模块

① 张超,段玉山. 地理教育展望. 华东师范大学出版社,2002:324-325。

② 陈澄. 普通高中地理课程标准(实验)解读. 江苏教育出版社,2004:35。

和7个选修模块。10个模块涵盖自然地理、人文地理、区域地理以及地理学的理论、应用、技术等各个层面,既有现代公民必备的地理基础知识,也有为开阔视野、进一步提高科学精神和人文素养、凸显地理学科应用技术与价值的内容。这些课程均属于国家课程,不仅体现了基础性,而且体现了多样性与选择性。

在国家确定的高中地理新课程内容的基础上,各地还可以根据当地具体的经济发展、社会文化条件开展乡土课程教育和结合乡土教育的环境教育;积极开展地理综合实践活动;对有探究兴趣和能力的学生还可以开展课题研究,学习程度甚至可以超越课程要求。

三、重视对地理问题的探究

高中地理新课程标准要求地理教育要重视对地理问题的探究,提出:倡导自主学习、合作学习和探究学习,开展地理观测、地理考察、地理实验、地理调查和地理专题研究等实践活动。

(一)营造新型课堂氛围,激活对地理问题的探究

1. 构建充满生命力的地理课堂

现代教育理论认为,教师、学生、教材、教学媒体构成整个课堂教学系统,只有各个要素之间相互联系、相互作用,才能形成有机、和谐的整体。在传统的教学模式中,教师是中心,是知识的拥有者、道德的裁判者。教师高高在上,隔绝了师生之间的互动交流、束缚了学生的思维,扼杀了学生的自主性和创造性,教学效果不佳。同时,传统的教学模式对应着应试教育的教育模式,所谓"勤学苦练"其实就是一门心思跟着老师和教材走,就是课上课下的题海战术。

然而,作为地理学科研究对象的地球表层系统,是一个复杂的巨系统,它由若干自然系统和人文系统组成。地球表层系统及其子系统都不是封闭的,而是呈开放的态势。地球表层系统与地外系统之间、地球表层各子系统之间,每时每刻都在发生物质、能量、信息的传递与交流,这种传递与交流导致地理事物和现象异常复杂并且千变万化。这样的学科特点与封闭、死板、单调的传统教学模式极不相称。目前的地理课堂"课上满堂灌,课下题一片",学生的自主探究、发现、创新的意识得不到应有的发展,情感、意志、精神境界等得不到应有的塑造和升华。也许学生能够攻克试卷上的一道道难题,但面对现实生活中的难题的时候却不知所措,面对未来纷繁复杂的大千世界将更是茫然。时代发展要求形成灵活开放的课堂运行机制。

那么,什么样的课堂才是灵活、开放的课堂,才会具有活力、智慧和情趣,也

才能让学生真正成为学习的主人呢？朱永新教授提出，应当具有六个特征：①

第一是参与度。即应当有学生的全员参与、全程参与和有效参与。课堂上如果没有学生的参与，就根本不可能激发学生的思想和探索问题的欲望。

第二是亲和度。即师生之间愉快的情感沟通和智慧交流。

第三是自由度。过分强调正襟危坐的课堂纪律，将束缚学生身心的自由发展，失去创造性发挥的条件。

第四是整合度。即使我们强调学生的主体性，但是也需要教师高屋建瓴地指导学生整体地把握学科的知识体系。

第五是练习度。即学生在课堂上动脑、动手、动口的程度。

第六是延展度。即要求在知识整合的基础上向广度和深度延展，从课堂教学向社会生活延伸。

2. 常“提问”，提“好问”

李政道教授说过：“学问，就是学习问问题”，爱因斯坦也说过：“提出一个问题远比解决一个问题重要”。一个个的问题就是接近事物本质的一步步的阶梯。现在提倡创新，创新的前提是问题的提出。“问题导向教学”很可能成为未来课堂教学的主流之一，但是目前地理课堂教学中存在的问题是：教师提问多而学生提问很少，甚至没有，学生仅仅是被动地学，长期下来甚至失去提问的意识和能力；课堂上教师的提问应试指向明显，重知识训练，轻启发引导，提问质量不高。推动学生对地理问题探究的积极性和质量必须解决以下两个问题：

其一，教师“提问”有讲究。课堂上，离不开提问，有些教师片面理解，认为老师多提问，学生多回答就是体现了学生的主体地位，而忽略了提问的质量。教师的提问关键在于思考性，有吸引力。我们知道，不是凡是提问就等于启发教育，不具有思考性和启发性的提问，则不能达到调动思维的目的。因此教师在课堂上的提问应该遵循：第一，适量原则。提问要在关键处，该提问的一定要问，不适宜提问的地方就不要问。要问的精、问的妙，不要问的滥，要提高课堂效率。据国内外研究资料表明，我国中小学每堂课提问的平均有效率仅为56%，影响了课堂效率，满堂灌被满堂问取代。第二，启发性原则。带有启发性的问题能够充分调动学生积极的思维活动，能引导学生主动对地理问题进行分析和理解，认识地理事物和现象的对立统一关系，从而融会贯通地认识地理规律获得地理知识，并提高解决实际问题的能力。比如讲到人类与环境相互关系的时候，可以提这样的问题：“一个城市如果为了工业与生活的需要过度抽取地下水，后果会怎样？”学生可能会各抒己见，最后趋向符合“可持续发展”的认识。第三，循序渐

① 朱永新．我心中的理想智育(下)．教师博览，2001，11。

进原则。提问要循序渐进、环环紧扣,这样既符合学生的年龄特征和心理特征,也符合科学知识本身的序。如分析大气水平运动的成因时,先问“地面冷热不均会造成其上面的空气怎样运动?”再问“热的地方空气膨胀上升,冷的地方收缩下沉(前一问题的答案),引起高空气流在两地间怎样运动?”接着又问“既然上空的气流从热的地方流向冷的地方(前一问题的答案),两地近地面的气压有何变化?”最后问“近地面热低压,冷高压(前一问题的答案),导致两地间的气流如何运动?”。除此三个原则之外,教师提问要把握好难易程度,同时尽可能有趣味性。

例如,运用“问题导向教学”教授高中地理课程“外力作用与地貌形态”内容中的“人类活动与外力作用”问题:①

画面 1 峡谷、浊流

资料:长江上游的水土流失

提出问题:河流的上游是什么景况?在河流的下游可能会出现什么灾害?

画面 2 楼兰遗址

资料:楼兰的消失

提出问题:在楼兰消失的过程中,什么起主导作用?人类扮演了什么角色?

画面 3 千沟万壑的高原和层层梯田、果树覆盖的山坡的对比

画面 4 沙漠和胡杨林、沙枣树的对比

提出问题:如何使用外力作用产生对环境、人类有利的影响?

归纳:人类活动和外力作用的关系(略)

其二,培养学生的“提问”能力。营造宽松、和谐的课堂环境,使学生敢问、想问。长期以来,学生当惯了“收音机”,没有意识问问题,或者有疑不问,或者害怕自己的问题太“幼稚”而不敢问,这些都是传统教育的失败之处。著名教育家陶行知先生说:“我们要解放儿童的头脑,使他们能想;解放儿童的双手,使他们能干;解放儿童的眼睛,使他们能看;解放儿童的嘴巴,使他们能说。”因此,教师要树立新型教学观,建立民主平等的师生关系,既要对喜欢质疑、提不同意见的学生持鼓励、赏识态度;也要能宽容、理性地对待学生中“突发奇想”、“异想天开”的问题;更要能精心创设能激发学生思维的问题情景,使之产生困惑、疑问,有了疑问就能诱发学生积极思维,勤思好问。

其实,这里特别值得一提的是,地理教师应该将学生的“问题”意识由课堂向生活、向社会延伸开来。多年来教学所形成的习惯是,只要是学生提的问题,无论是在课堂上还是课后,老师都是有问必答或者通过查阅资料想方设法解答

---

① 本案例由山东师范大学附属中学地理教师王燕提供。

学生的疑问。其实,在这看似圆满完成教学任务的背后,却是"穷尽"了学生在课堂之外继续探索事实的热情和兴趣。现代课堂教学观认为,课堂教学是实施素质教育的主渠道,但不是唯一的渠道,更不是学生学习的终结。① 教师视情况不必回答学生的所有问题,应当允许或者鼓励学生将问题带出课堂,带进生活,带进社会。

3. 积极开展讨论活动

讨论是教学过程中师生对话、生生协商的自由"论坛",是学生理解地理原理、解决地理问题的良好方法,也是教师及时获得反馈信息的有效途径。过去课堂讨论一般在教学单元结束后采用,现在在提倡探究式教学的过程中,在教师把握课堂的前提下,我们主张积极广泛开展讨论活动。讨论活动主要有以下类型:②

(1) 专题式讨论:地理专题式讨论具有以下特点:一是议题集中、内涵丰富,其中包括许多具体问题,比如"我国水土流失的危害与防治"问题,就可以含有黄土高原的水土流失、云贵高原的水土流失等一系列的问题;二是具有整体性、结构性的功能,它在课堂教学中不是一个局部性的环节或是可以随意添加、删除的教学活动;三是需要较为周密的计划与一定的组织和准备工作;四是对时间要求比较高,有时需要一节甚至几节课来完成。专题式讨论对于深入地探讨某一地理话题,真正实现师生、生生之间心平气和的对话十分有效。

(2) 问题式讨论:问题式讨论是地理课堂中最为常见的讨论方式,它具有以下特点:一是与教学内容的联系性,地理课堂讨论的问题内容大多是随着教学进程而提出的,相对于专题式讨论而言,它的问题相对小一些、具体一些;二是可追问性,如果一个问题值得进行逻辑追问与原理深究的话(连问"怎么样"、"为什么"),那么它就具有问题的真正内涵;三是随机性强,有的问题是老师预设的,但是更多的问题是不可预设、出乎意料的,是学生即兴提出来的;四是灵活性、伸缩性,可以根据问题的难易程度或教学的需要来决定讨论的时间长短;五是功能的多元性,问题式的讨论有时是为了理解某一地理知识、解决某一地理问题、唤起对某一问题的兴趣或关注等;六是不完整性,问题讨论由于目的、功能的不同,有时并不需要有完整的过程(准备、组织、讨论、总结),比如有的问题并不需要追求一个统一的结论(有的地理问题是没有结论的),仅仅是为了激起大家的探究欲望。

哪些问题可以选作讨论的论题?一要有相关性,即学生所提的问题与课堂

① 夏志芳. 地理课程与教学论. 浙江教育出版社,2003:308。

② 夏志芳. 地理课程与教学论. 浙江教育出版社,2003:309-321。

教学的内容有一定的相关性,而且要有相近性,不能太离题。二要有一定的知识铺垫,如果学生提出的问题过难,学生没有必要的知识作支撑,那么讨论就没有意义了。三是内容要有新意、有探讨价值,可以纳入讨论活动的应该是那些具有地理意义的、思考价值的地理问题。当然,也不排斥那些有一定难度但学生有兴趣的问题,因为尽管讨论没有最后的结果,但是在讨论过程中学生得到了感染与启迪,本身就是一种成果。

(3) 思维操练式讨论:思维操练式讨论是一种高级的头脑游戏的讨论方式,它往往不拘泥于具体知识的再现与理解,而在于锻炼脑子的灵活性和迁移性。这种讨论方式的主要特点是:一是假设性,讨论的命题不是客观存在的,其前提与条件是主观假定的,例如,"假如黄赤交角加大,对地球会产生什么影响?","如果我国的地势是东高西低,可能带来哪些后果?"二是新颖性,由于讨论的论题是现实生活中不存在的,因此学生就会感到新奇、新鲜、有意思,容易被激起一种探讨的冲动;三是思维方式的多样性,进行思维操练式讨论需要逻辑推理的过程,也需要直觉、形象思维的参与,同时聚敛思维、发散思维、求同思维、求异思维、正向思维、逆向思维也会交错在一起,对培养思维品质是极为有益的;四是易操作性,依据学生的基础讨论可深可浅,教师关注的是讨论与思维的过程,而不是它们的结论与结果。

(4) 任务式讨论 :顾名思义,地理教学中的任务式讨论源自各种与地理相关的任务,讨论是围绕任务的解决方案而展开的。如何开展任务式讨论,需要注意:一是要确定合适的任务,缺乏地理性或者太繁太难的任务都是不适合讨论的,如"长三角经济共同体的建立";二是需要一定的资料准备,如与任务相关的背景资料、历史档案、研究记录等;三是要群策群力,集思广益,依靠与发挥学习共同体的作用,可以邀请家长、地理专家一起来探讨任务的性质、内容、特点,以及完成任务的途径与策略;四是要形成一些文字材料,有的意义比较大的任务讨论最好要发动学生整理成"方案"与"建议",并张贴出来以便交流。

(5) 反思式讨论:反思式讨论是随着教育理念的提升、反思模式的倡导、创新思潮的兴起而应运而生的,目前已经在地理课堂教学中愈来愈多地被采用。反思式讨论是对传统理论、权威理论、标准答案的一种重审与反观,常见的组织形式是自由辩论,它对于培养学生的质疑、批判、创新的精神十分有益。教师在组织讨论的过程中,既要积极又要慎重,不能从"唯书是从"的极端走向"批判一切"的另一个极端。反思式讨论要运用辩证法,要有理论根据和实践依据。

(二) 开展地理研究性学习

改变学习方式是本次课程改革的显著特征,研究性学习是新课程改革的一项新举措,地理研究性学习就是从"研究性学习"引申和发展而来的。地理研究性学习的含义可以理解为:学生在教师指导下,通过模拟地理科学研究的方式去获取地理信息,应用地理知识和技能分析其因果关系,并提出解决地理问题的方法与建议。地理研究性学习利用地理知识解决现实问题的优势,培养学生在实践中运用地理知识和技能的能力,最终达到培养学生创新精神和综合能力的目的。[①]地理研究性学习过程如图 2-1 所示。

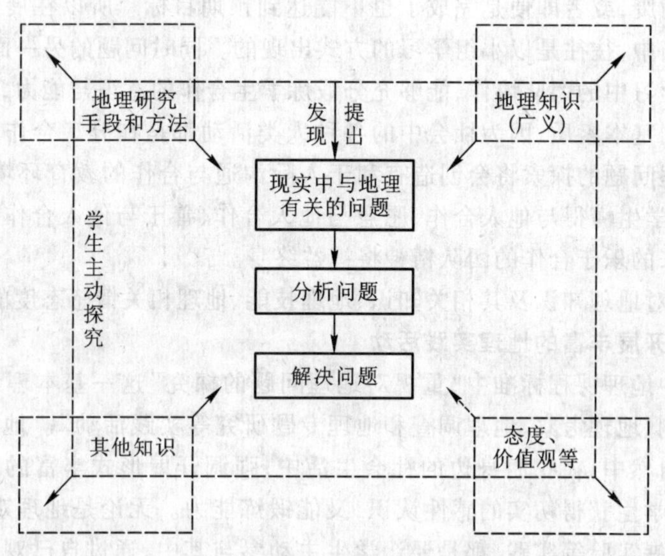

图 2-1　地理研究性学习示意图[②]

从图 2-1 中不难看到,地理研究性学习所包含的几个关键点:

第一,所有的活动都围绕现实中与地理有关的问题。因此,问题的发现和提出成为要不要进行活动、活动有没有价值的前提。这有赖于地理教师在教学过程中对学生提问能力的培养。但是我们强调学生选题的自主性。原因在于学生自主选题体现出学生是主体,教师是以组织者、参与者和指导者的身份出现的;同时学生所确定要探索的地理问题是自己感兴趣的,加之地理问题本身蕴涵着巨大的奥妙,所以学生学习的积极性、主动性、自觉性大大提高。

第二,强调学生主动探究的过程。有这样一句格言:“只是告诉我,我会忘记;如果演示给我,我会记住;如果让我参与其中,我就会明白。”没有什么学习比让学生通过积极投入到探究的过程中去更好的了。主动的探究对学生知识构建、思维启迪乃至认识生活都非常有好处,例如,四川省成都市树德中学学生展

① 薛纬宇. 地理新课程实施研究性学习的探索. 新课程(教师版),2006,6:24。

② 夏志芳. 地理课程与教学论. 浙江教育出版社,2003:368。

开的课题探究:对成都市府南河两岸环境破坏情况的调查、对成都市城乡结合区现状的调查、对府南河水质问题的调查、成都市农家乐的现状和发展走向,等等。

第三,地理研究性学习需要合作。学习从本质上看是学生个人的事,但也需要与人合作。学生要完成选定的地理课题或者地理任务,靠单个人独自探索是很难成功的,而且失败感很可能会打击学生的学习兴趣和信心,使课题或任务的研究半途而废,或者即便是完成了也不能达到预期目标。所以在展开研究性学习的实际当中,往往是以小组学习的方式出现的。同时问题的另一面是,通过地理研究性学习中的团队协作,能够充分锻炼学生合作的意识与能力,这是现代人所应具备的基本素质,因为社会中的各种人类活动都是在分工合作的前提下开展的。地理问题的探索将会创造有利于人际沟通与合作的教育环境,通过合作学习,培养学生懂得与他人合作、愿意与他人合作、善于与他人合作。在此过程中建立起来的乐于合作的团队精神将裨益终身。

第四,对地理知识及其相关知识、地理技能、地理相关情感态度的综合运用。

(三)开展丰富的地理实践活动

在高中地理课程标准中"重视对地理问题的探究"这一基本理念,强调"开展地理观测、地理考察、地理调查和地理专题研究等实践活动"。地理科学的奥秘就在大自然中,在我们身边的社会生活中,强调开展形式丰富的地理实践活动,既能使学生获得切实的感性认识,又能锻炼能力。无论是地理观测、野外考察,还是开展实验等实践,都是要让学生主动参与其中,通过自己观察、操作、搜寻、练习、思考、分析、判断,使学生的地理技能得到很大提高,并在对地理问题的探求和在解决地理问题的过程中激发学生的潜能和创造力。

四、强调信息技术在地理学习中的应用

高中地理新课程标准提出:充分考虑信息技术对地理教学的影响,营造有利于学生形成地理信息意识和能力的教学环境。

(一)信息技术对地理教学的影响

21 世纪是一个信息化的社会,基于计算机的信息技术的发展给地理科学注入了无穷的活力,使得人类对自然演化过程和社会经济发展过程的捕捉、监测、描述和表达的能力迅速提高,也为地理学科的学习提供了先进的学习工具。"地理信息系统(GIS)"、"遥感(RS)"、"全球定位系统(GPS)"、"数字地球"、"网络化"等名词已经在我们的生活中时常出现,在电视、报纸及其他媒体中时有介绍,在社会的许多部门中更是得到广泛的应用。为适应这样的形势和将来信息技术深入发展和应用的趋势,21 世纪的新型地理教育必将在较大程度上引进信息技术,为学生提供收集信息、分析问题、解决问题的全新方法,提高学生的

信息素养。这对于推进地理教育现代化具有战略指导意义。

1. 突破时空障碍,使地理教学获得巨大资源库

网络资源以及计算机所储存的信息、数据和软件,构成了当今世界上最大的资源库。

就地理学科的特点而言,有许多内容是非常吸引人并且非常适合以计算机技术来表现及传递给学生的。地理学科的内容极为复杂,其研究对象的时空多维性使地理现象难以为人们亲身经历或亲自观察到,地理规律也难于为人们所把握,在高中的地理教学中更是如此。计算机技术能够有效地整合文字、图形、声音、动画等,并结合多媒体的图文及影像来表现地理事物的形象、显示地理事物的空间分布、进行情景渲染等,这些特征正可以有效地引入到认识空间、认识地理及改善地理教学上。网络上的地理教学资源包括虚拟地理图书馆、遥感图像和地图、学术机构、电子出版物、电子论坛、各种应用软件、地理形象和网络教育等类型。将遥远的甚至是人类难以达到的地球上的地理事物拉近,在课堂上动态地呈现出来,或者将具体的地理过程生动地表现出来等,都已经不是幻想,地理教学若能够利用好这些资源,不仅可以轻易地呈现出许多图片、影片、虚拟实景等可视化资料,也可以进一步取得统计资料,借助地理信息系统快速地了解各种空间现象。

2. 教师角色的改变

利用计算机网络和多媒体教学,学生能够参与其中,尤其是网络教学。网络已经是高中生生活的一部分,开放式的信息冲击着我们的课堂,进行网络教学就是引导学生正确利用网络进行学习的正向教育行为。学生获取知识的渠道拓宽,参与教学的主动性进一步增强,学生知道的东西教师却不知道的现象也并不奇怪。那么,教师的"主导"地位是不是过时了,教师失去作用了吗?答案是否定的。在信息化的时代,教师的地位并没有降低,相反教师的任务更重:传统的知识传播仍然需要教师完成;教师必须改变对教材的依赖,整合各种教学资源并以适合信息化的方式呈现给学生;针对学生的个体差异帮助学生对信息进行筛选。可以看出,在信息化的时代背景下,地理教师为胜任岗位必须获得除专业以外的更多新知识来提高自身的科学素质。所以,网络、信息技术只不过是纠正了教师"一言堂"的教学模式,并没有抛弃教师的作用。教师的角色也从单纯的知识的传播者,转变成为学生学习的促进者和参与者。

3. 实现个性化学习和科技整合的实践

3S 技术的广泛应用、"数字地球"时代到来,学校面对面的教学将显得呆板和奢侈。信息文明时代的许多工作将不受时间、地点和空间的限制,"数字地球"已经在某些方面弱化或消除了时间和空间的概念。网络辅助教学能够提供

双向交谈性的互动、合作学习和单独学习情景的自由转换。学生拥有更多的信息源,也能根据自己在学习方法、学习水平和兴趣爱好等方面的差异设计个人的学习方式和速度,学生获得了更大的个性发展机会。同时计算机技术、网络技术,以及3S等地理信息技术都是当前科学发展的前沿技术,“数字地球”是未来世界的标志,将深深地影响经济、社会和生活的方方面面。学生作为未来祖国发展与繁荣的建设者,必须掌握前沿科技,获取数字生存能力。信息技术在地理教学中的应用能够提供一个很好的实践机会,将数字生存的技能传授给学生。

(二)营造有利于学生形成地理信息意识和能力的教学环境

1. 专用地理教室的建设

20世纪90年代以来,以计算机技术和网络技术为核心的现代教育技术已经在中学课堂教学中广泛使用。随着信息技术的广泛应用和培养学生信息素养任务的迫在眉睫,各地应根据自身情况,加强专用地理教室及相应设备的建设。目前,大多数条件好一些的学校都建设有多媒体地理专用教室。教室里配置一台主控电脑和一套大屏幕显示设备,就可以使用计算机上课。这种配置适合教师操作计算机进行大班授课。应该说,这种教室远远不能够满足网络时代对地理教学的要求,建设多媒体网络化地理专用教室是当前最好的选择。多媒体网络化教学系统通常指的是把多媒体技术和网络技术结合起来,在普通教学网络(一般为20~60台计算机)的基础上,通过音频、视频播放设备和传输卡、信号传输线、控制部件、麦克风等设备实现教师机与学生机的连接,实现各个计算机之间屏幕、声音的实时交互切换,并且具有多种辅助教学管理功能的教学系统。根据地理学科的特点,把这一教学系统与地理专用教室的建设有机结合,就构建成现代意义上的地理专用教室——多媒体网络化地理专用教室。

2. 对地理教师提出更高要求

现代信息技术给广大教师提供了机遇,也提出了挑战,对地理教师的素质有了更高的要求:(1)懂得计算机辅助教学的基本原理和方法。首先地理教师要掌握计算机的基本操作,熟练所需要的软件,会处理临时出现的常见故障,主要包括:教学设计知识和技能、计算机知识和操作技能、多媒体CAI应用及软件制作技能、网络化远程教学的知识和技能等。其次,地理教师要清楚计算机辅助教学与传统教学的不同之处及其需要的条件和局限性,才能实施有特色的计算机辅助教学。(2)熟悉网络技术,有效地利用信息资源,开阔视野。网络对于学生而言是一个开放的信息源,为了更好地实施教学,适应信息时代地理教育的要求,教师首先要把自己放在这样的时代背景下,解放思想,获取前沿知识,使自己具备与岗位相称的能力和学科水平。在制作课件的过程中也要充分利用网络资源,扩大课堂信息量,对于提高课堂质量也是非常重要的。(3)会制作简单的地理教学软件。计算机软件的制作是一件复杂的创造性劳动,需要花费大量的时间和财力。但是学习编制简单的、能够供自己使用的教学软件,对青年地理教师来说,既可行又有益。教师的教学风格因人而异,使用统一开发的课件上课,抹杀了教学特点和个性,有的现成课件也不一定符合课堂要求。所以,教师自己适当地开发一些实用的软件会使课堂教学更有特色。

五、注重学习过程评价和学习结果评价的结合

我国传统的地理课程评价在功能上一直比较强调甄别和选拔,忽略了评价对教师和学生的改进与激励;评价内容和方法过分注重笔试,方法单一且导致学生对地理课的学习重心只侧重于知识的掌握,而忽略了获得解决地理问题的能力和过程。这显然是不完整、不科学的。高中地理新课程改革要求以促进学生的全面发展为目标,使评价能促进学生的发展,促进教师的提高和改进教学实践。因此,高中地理新课程标准提出关于地理课程评价的新理念是:重视反映学生发展状况的过程性评价,实现评价目标多元化、评价手段多样化,强调形成性评价与终结性评价相结合、定性评价与定量评价相结合、反思性评价与鼓励性评价相结合。

(一) 重视反映学生发展状况的过程性评价

强调"过程性",是希望去掉"一次考试定终身"而带来的种种弊端,学生的发展是一个过程,促进学生的发展同样要经历一个过程。因此,必须改变评价过分强调甄别与选拔的功能而忽视改进与激励功能的状况,必须重视反映学生发展状况的过程性评价。地理课程过程性评价是一种在课程实施的过程中对学生的学习过程给予评价的方式,采取目标与过程并重的价值取向,对地理学习效果、过程以及与学习密切相关的非智能因素给予全面的评价。通过地理过程性的评价,对学生的地理学习质量水平作出判断,促使学生对学习过程加以反思,从而更好地把握学习方法。① 那么,怎么反映学生学习地理的过程性评价呢?就是要从学生参与地理学习的全过程出发,对过程中的每个环节作出相应的评价,包括地理课堂学习的评价、地理探究学习活动的评价和地理平时学习活动的评价。

在过程性评价中,教师要收集和分析反映学生学习地理发展过程和结果的资料。以此体现学生发展变化的轨迹,清晰全面地把握学生某个阶段的学习状况。这些资料通常包括学生的自我评估、教师和同学的观察与评估、成绩与作品、来自家长的信息、其他有关说明学生进步的证据等等。根据地理课程培养目

① 曾玮. 高中地理新课程过程性评价思考. 当代教育科学,2005,6。

标和学生的实际情况，给予学生反馈意见并明确促进学生发展的改进要点，制订改进计划。

（二）实现地理学习评价目标多元化

美国《国家地理课程标准》在评价学生学习地理的成就时，提出了多样的目标，尤其注意让学生配合现实的生活情景去运用地理知识，并且作为终身学习的基础，每项标准都具有实际应用的意义，从而鼓励学生知道和认识地理观念，将地理探究技能应用到人生决策中。美国《国家地理课程标准》提出，应以展现学生众多的学习行为和能力为目标，包括：记忆地理学科中必要的内容，了解人、地和环境丰富而多样的特征，判读各种地图、影像资料和会使用地球仪和其他地理工具及技术，了解到空间和空间关系及人类在地方、区域和全球尺度中相互依赖的基本成分，认识人与环境之间的空间关系，分辨事实和意见，分辨参考数据及数据中相关的和无关的信息，透过不同的数据来源获取地理信息，利用地理方法有系统地解决问题，等等。

此外，美国《国家地理课程标准》还界定了各年级的地理能力，并展现出地理学习的累积性和螺旋性。如以完成高中（12 年级）地理教育的学生为例，要求应该具有下列能力和素养：精通地理教材内容，了解地理学的主旨——空间和空间的关系，恰当地将地理词汇运用于口头、书面和图形沟通，能利用较多的技能以获取和发表信息，将地理学原理应用于实际生活情景，认识到地理学的三大部分如何互为相关，认识自然和人文环境变迁，阐释自然和人文环境之间的交互作用，认识全球互相依赖性的观念，认识“区域”能作为整合原则的观念。

美国的上述做法值得我们借鉴。随着我国新课程的推广，人们对地理学习评价目标的认识已经从仅仅以“双基”为终极目标转变为我国《普通高中地理课程标准（实验）》中提出的评价目标，即“知识与技能”、“过程与方法”、“情感态度与价值观”三个维度组成的有机整体。①

（三）实现地理学习评价手段多样化

地理学习评价手段适宜多样化。不同教学单元的教学目标在知识与技能、过程与方法、情感态度与价值观上的要求和侧重点不同；学生的学习心理、学习方式特点不同。因此，地理教学评价中的评价方法应多样化，评价要具有现实性和针对性。在实际工作中，地理教师要从具体教学内容和处于学习过程中的不同个体出发，选择和运用恰当的评价方式。地理教师常用的评价手段包括：书面测验、口头表达、练习作业、小组讨论、小论文写作、绘制图表、作品展示等。

---

① 陈澄. 普通高中地理课程标准（实验）解读. 江苏教育出版社，2004. 44。

（四）强调地理学习评价的三个“结合”

地理学习评价应强调三个“相结合”，即形成性评价与终结性评价相结合、定性评价与定量评价相结合、反思性评价与鼓励性评价相结合。

1．形成性评价与终结性评价相结合

形成性评价是在教学过程中通过教师观察、座谈与访谈、活动记录、问卷调查、读书笔记、学生自评与互评等形式对学生的学习行为、学习能力、学习态度和合作精神等给予的持续性评价。形成性评价是在一种开放、宽松、非正式的氛围中进行的，评价结果可以采用描述性评价、等级评价或者评分等形式来体现。① 我国《普通高中地理课程标准（实验）》特别强调评价学生在提出问题、搜集整理地理信息资料、分析地理信息资料、回答地理问题这一完整过程中的表现。所以评价要关注学生解决问题的过程和表现出来的差别，帮助学生有效地调控自己的学习过程。但是，在形成性评价中要将阶段性的终结性评价，比如阶段性考试、测验等结合起来，这两方面的评价对下一阶段教师教学和学生学习是同样重要的。

2．定性评价与定量评价相结合

传统地理学习评价方法是进行定量的评价，定量的评价往往将学生的学习结果“数值化”。但是考试“分数”会受到多种因素的影响与干扰，有时不能够完全真实地反映学生学习的水平。所以那种过分倚重“分数”的做法对学生保持良好的学习状态和心理上的健康发展都是有弊端的。我国地理新课程标准中提出要在传统定量评价的基础上结合定性评价。定性评价就是教师通过观察与分析，用恰当的语言对学生的学习作描述性的评价，其难度远远超过定量的分数的评定。

对学生地理学习的定性评价，除对知识掌握程度的评价之外，还可以从以下几个方面入手②：（1）对学生教学参与度的评价，包括对学生课堂参与度和课外参与度的评价。评价指标前者如课堂学习中参与思考、提出问题、参加讨论、完成课堂作业质量等等；后者如课后查阅资料、实践和观察的技能、完成课后作业质量、撰写论文与报告等等。（2）对学生质疑活跃度的评价。质疑求异是学生主动探求、创造性思考和个性化发展的表现，应当对学生地理学习过程中提出问题的质量、提问的想象力和独创力给予评价。前者包括提问的难与易的协调、主动探究质疑的精神、质疑手段的多样化、思路发散独特个性化；后者如巧妙应对问题的思路、想象力，能用新的形式表达已掌握的知识，有应对复杂问题的变通

---

① 陈瑞生．http://www.chinaschool.org/kcgg/biaozhun/030415h.htm。

② 夏志芳．地理课程与教学论．浙江教育出版社，2003：327。

能力。(3)对学生探究水平的评价。包括发现问题的敏锐性、分析问题的求异性、提出假设的多样性、验证假设的独特性、结果表述的新颖性。

3. 反思性评价与鼓励性评价相结合

以往地理学习评价过程较为注重用各种考试来甄别学生学习效果,无论优劣都比较强调总结和反思,以此促进学生的进步。无可否认,不断地反思与总结对学习的提高在一定程度上是有好处的。但是,对中学生在成长中处于特殊的心理阶段,过分的反思性评价和挫折教育会使学生对地理学习失去兴趣,甚至产生反感。越来越多的教育者认识到教育的螺旋性,学习评价涉及复杂的心理作用,必须认真考虑评价给学生带来的心理反应。鉴于此,《普通高中地理课程标准(实验)》强调:(1)要强化评价的诊断和发展功能,弱化评价的甄别和选拔功能,倡导在教学活动和学习评价中培养学生的自信心,为学生保持健康向上的学习心态创造条件;(2)把对学生地理学习的评价过程看做为学生提供的一个自我展示的平台,鼓励学生参与评价并在评价中展示自己的努力和成绩;(3)让学生了解自己的学习结果并从中得到成功的体验,从而激发学习兴趣,以达到促进发展,提高教学质量的目的。地理教师要随时关注学生在学习活动中的表现和反应,给予必要的、及时的、适当的、鼓励性的或指导性的评价。

资源链接

[1] 教育部.普通高中地理课程标准(实验).2003.

[2] 钟启泉,等.《基础教育课程改革纲要(试行)》解读.上海:华东师范大学出版社,2001.

[3] 地理课程标准研制组.《普通高中地理课程标准(实验)》解读.南京:江苏教育出版社,2001.

[4] 胡良民,袁书琪,关伟,等.地理教学论.北京:科学出版社,2005.

[5] 窦立祥.基于新课程标准的高中地理学习过程评价设计.地理教育,2007,(4).

[6] 张喜萍.论探究性学习及其在地理教学中的应用.陕西师范大学学报:哲学社会科学版,2004,S2.

[7] 刘高焕,等.信息技术与地理学.北京:人民教育出版社,2002.

[8] 教育部基础教育司,师范教育司.普通高中新课程研修手册·新课程与学生评价改革.北京:高等教育出版社,2004.

[9] 贺丹君,刘宇.地理课程评价的新策略.地理教育,2004,(3).

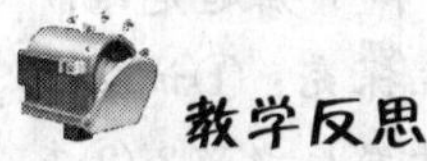

教学反思

【反思文章】

新课程背景下如何激发学习兴趣①

一、兴趣来源于深度探究

高中生已有一定的知识基础，教师要善于在新旧知识结合点上设计具有一定挑战性的探究问题，激活他们的认知冲突。这样最能有效地激起他们的兴趣，也能最有效地驱使他们有目的地进行探究。如比较太阳日与恒星日的差别，在学生指出一个太阳日比一个恒星日长3分56秒后，教师让他们分析原因是由于地球在自转的同时还要围绕太阳公转，并且自转与公转的方向相同，都是自西向东。然后再设问：①如果地球只有自转而没有公转，太阳日与恒星日长短状况又如何？请用地球仪演示出来。②如果地球自西向东自转的同时又围绕太阳自东向西公转。③如果地球自东向西自转的同时又围绕太阳自东向西公转。④如果地球自东向西自转的同时又围绕太阳自西向东公转。在上述几种情况下太阳日与恒星日长短状况又如何？你能找出什么规律吗？又如学习“全球的气压带和风带”,教师可作如下设问，层层推进，诱发学生的探究热情：①如果地球不自转且表面均匀，全球大气形成什么环流模式？②如果地球自转且表面均匀，全球大气形成什么环流模式？全球的气压带和风带分布形势如何？③如果地球自转且表面均匀，又考虑到太阳直射点的移动，全球的气压带和风带有何移动规律？④如果地球自转且考虑到海陆分布形势，气压带和风带在南北半球的分布有何特点？为什么？⑤怎样解释东亚和南亚季风的成因？怎样理解我们家乡(温带季风气候）冬季寒冷干燥、夏季高温多雨的气候特点。

二、兴趣来源于热点透视

现代高中生热情活泼、兴趣广泛，家事、国事、天下事，事事关心。像伊核问题、俄乌石油管道之争、厄尔尼诺、印度洋海啸、中国的和平崛起、能源安全、振兴东北老工业基地等问题，有不少同学都能讲得头头是道。地理教学中有意识地把热点问题引进课堂，既能激发学生学习兴趣，又能拓展他们的视野，还能提升其辩证思维与辨别是非的能力，培养责任感与使命感。如学习“中国的可持续发展之路”，先用胡锦涛总书记提出的科学发展观来统领课堂教学，让学

① 文章来源：《地理教育》2007年第4期。作者：朱其山，江苏省泗阳中学。

生明确科学发展观(可持续发展观)的实质是实现人与自然和人与人之间关系的总协调、是实现和谐中国乃至和谐世界的理论指南，中国的和平崛起是维护世界和平的一支重要力量。然后设计如下的系列问题引导学生探究：①试从我国人口、资源、环境与发展的角度理解我国为什么必须走可持续发展之路？②怎样理解我国的人口战略、资源战略、环境战略与发展战略？③为什么我国把发展经济放在发展战略的首位？④中国和平崛起了就会对世界构成威胁吗？⑤公众参与是实现可持续发展的关键，作为中学生，我们应该怎么做。

三、兴趣来源于学以致用

学以致用不但提升知识的价值，而且更能激发学生的学习兴趣。如2006年入夏以来，重庆、四川连晴高温，最高温度达44.5℃，7月份的高温一直持续到9月上旬。3 000万重庆市人民经历着一场50年不遇的特大旱灾的严峻考验，全市500万亩耕地干枯，1 000万亩耕地重旱，500万亩耕地中度干旱，给人民群众生命财产带来重大损失，也给生产生活造成巨大困难。从气候变化(全球变暖)、大气环流形势(西太平洋副热带高压强度异常偏强，位置偏西)与紫色土本身特性(土层薄，通透性好，保水能力差)等方面，学生们对造成旱灾的原因进行了探讨，并提出了改良紫色土关键在于保水保土，而选择适合坡地挖建蓄水池，是解决旱地农业灌溉用水问题的一个好办法。又如学习了“区域发展阶段与人类活动”后，要求学生从自然条件(包括地理位置、地形、气候、水文、植被、自然资源等)与人文条件(包括人口、面积、经济、文化、科技、交通、历史沿革等)搜集相关资料，分析我县区域发展条件、优势与存在的主要问题，判断我县当前经济发展所处的发展阶段，并向县委、县政府提出我县经济发展的合理化建议。这样做既培养了学生搜集、整理、分析地理信息和解决地理问题的能力，还培养了他们热爱家乡的美好情感和建设家乡的责任感与使命感，大大激发了他们学习地理的激情，为他们的终身发展奠定了一定的基础。

四、兴趣来源于人格魅力

人格魅力是征服学生心灵的法宝。高中生最喜欢作风民主、公正平等、严格友爱、幽默诙谐、知识渊博、方法多样、讲课生动的教师。学生喜欢你，就喜欢你所教的学科，喜欢听你的教导，他对你所教学科的兴趣就浓，学习自觉性就高，成绩也就好，这就是所谓“亲其师，信其道”。许多家长对我说:“孩子选修地理，就是冲着你去的。”这令我很感动，让我很幸福，也给了我巨大的动力，时刻鞭策我不懈进取，不断成长。

【反思探究】

本文基于地理新课程的背景思考如何提高学生的地理学习兴趣，提出：兴趣来源于深度探究、热点透视、学以致用、和人格魅力。多年来我国的中学地理教育拘泥于课本，目标直指高考，使学生在地理现象的探究、实际问题的解决和地理素养的锻炼与内修上反而缺失。这是与地理教育的初衷相违背的。

《普通高中地理课程标准（实验）》所提出的地理新课程的基本理念要求地理教育要培养现代公民必备的地理素养、满足学生不同的地理学习需要、重视对地理问题的探究、强调信息技术在地理学习中的应用、注重学习过程评价和学习结果评价的结合。但是在实际教学的过程中，很多教师难以跳出长期以来形成的思维框框，头脑中仍然是应试教育的那一套。实际上，一方面，研究现在的高考命题就会发现，高考题目的命题思路的指向和新课程的理念是一致的，越来越注重对学生对实际地理问题的解决技巧和能力的考察；另一方面，正如上文所主张的那样，地理知识来源于生活现实，本身就具有很强的现实性，在教学中引入热点问题，引导学生逐步探究、学以致用，实际上是将书本知识生动地结合到实际中来，不但不会偏废书本上的知识，而且还能够激发学生的学习兴趣，提高地理教学质量，促进学生的地理能力发展。

第3讲
高中地理新课程目标

思考研讨

1．高中地理新课程标准所确定的课程目标与以前高中地理教学大纲的目标有哪些区别和变化？

2．如何理解高中地理新课程目标中的三个维度之间的关系？

3．高中地理新课程标准所确定的课程目标对学生的学习要求有什么变化？对教师提出了什么新的要求？

理论概述

一、高中地理新课程的总体目标

我国《普通高中地理课程标准（实验）》确定高中地理课程的总体目标是要求学生初步掌握地理基本知识和基本原理；获得地理基本技能，发展地理思维能力，初步掌握学习和探究地理问题的基本方法和技术手段；增强爱国主义情感，树立科学的人口观、资源观、环境观和可持续发展观念。

这是一个总体的、宏观的目标，为高中地理教育设置了预期结果，也为地理课程的设置提供指导。高中地理新课程总体目标是基于落实《基础教育课程改革纲要（试行）》以及《普通高中课程方案（实验）》所确定的培养目标和基于符合高中地理课程的课程性质、基本理念、设计思路而确定的。

我国《基础教育课程改革纲要（试行）》以及《普通高中课程方案（实验）》所确定的培养目标是使学生“初步形成正确的世界观、人生观、价值观；热爱社会主义祖国，热爱中国共产党，自觉维护国家尊严和利益，继承中华民族的优秀传统，弘扬民族精神，有为民族振兴和社会进步作贡献的强烈愿望；具有民主与法制意识，遵守国家法律和社会公德，维护社会正义，自觉行使公民的权利，履行公民的义务，对自己的行为负责，并具有强烈的社会责任感；具有终身学习的愿望和能力，掌握适应时代发展需要的基础知识和基本技能，形成收集、判断和处理信息的能力，具有基本的科学与人文素养、环境意识、创新精神与实践能力；具有强健的体魄、顽强的意志，形成积极健康的生活方式和审美情趣，初步具有独立生活的能力、职业意识、创业精神和人生规划能力；正确认识自己，尊重他人，学会交流与合作，具有团队精神，理解文化的多样性，初步具有国际视野和参与国际交往的能力。”

当然，地理课程总目标需要进一步细化和体现在具体年级、章节和每一节课当中，为更加明确的表达地理课程的具体目标，《普通高中地理课程标准（实验）》从知识与技能、过程与方法、情感态度与价值观三个方面来表述，称为地理新课程目标的三维度。

二、地理新课程目标对原有教学目标的继承与发展

在2003年地理新课程标准颁布前的最后一版地理教学大纲是2000年《全日制普通高级中学地理教学大纲》，它所确定的地理课程目标代表了此前我国数次课程改革的最后结果。现在所讨论的地理新课程中的“课程目标”与过去地理教学大纲中的“教学目的”是相对应的。

（一）继承性

对比新地理课程目标和2000年版地理教学大纲就可以看到，原地理教学大纲中所确定的“教学目的”的基本内容大都在新的地理课程目标中保留了下来，体现出对多年来我国地理教育发展结果的继承。2000年《全日制普通高级中学地理教学大纲》在“教学目的”中着重提到“使学生获得比较系统的自然地理和人文地理基础知识”、“培养学生的地理基本技能、地理思维能力，以及地理探究能力”、“帮助学生形成科学的人口观、资源观、环境观，以及可持续发展的观念和对社会的责任感”。这些内容在地理新课程总目标中得到全面的继承，完全保留了对地理“双基”和“情感态度、价值观”部分的提法。并且特别在“三维目标”的“知识与技能”和“情感态度与价值观”两个维度中阐述得更加具体，尤其是对“双基”拆分得更加仔细。比如对“基础知识”部分具体到了“获得地球和宇宙环境的基础知识，理解人类赖以生存的自然地理环境的主要特征，以及自然地理环境各要素之间的相互关系”、“了解人类对地理环境的影响，理解人文地理环境的形成和特点”、“认识区域差异，了解区域可持续发展所面临的主要问题和解决途径”。

以上内容其实向来都是我国地理课程目标中的核心内容，地理新课程目标

对这些内容的继承和保留表明，基础教育阶段的地理课程目标从来没有偏离基础教育的总体目标。

（二）发展性

地理新课程目标在对过去地理教学大纲教学目的继承的基础上有明显的发展。这种发展突出地表现在两个方面：

第一，对"过程与方法"目标的设置，极大地改变着我们的教育观念。在过去的地理教学大纲中，从来没有把"过程和方法"作为目标提出过，本次课程改革对它的重视，是最突出的一个变化，也在较大程度上考验我们一贯的教育观念。从表面上看，目标似乎应该是经历"过程"所得到的"结果"。过去的教学大纲中的"教学任务"大多就是要求对知识点进行落实，教育所注重的也是学生到底记住了什么，会不会用，对学生的考察往往也停留在对知识结论的考察上。学生的学习习惯逐渐偏向单纯的对知识结论的接受，而对事物发生发展的过程、对现象本质的探究逐渐偏废。即便是不求甚解，只要考试能得高分，学习仍然是成功的。在新课程中就是要改变这样的教育观念和习惯。简单地说，让学生体验某个特定的学习过程本身就可以作为教学的目的之一，而不只是为了达到某个知识学习、技能学习目的的中间环节。① 所以，新课程对"过程与方法"的提出实际上是回答了：我们是否应该把获得知识的过程与知识本身看做是同等重要的结果？教给学生方法与穷尽题目类型，哪个更有效？是否应该将"知识"从固化在教科书中的、结论性的东西扩展到在学习过程中"生成"的东西？

第二，在"情感态度与价值观"目标中对学生"激发探究地理问题的兴趣和动机"以及"形成全球意识"的增加。兴趣是学生学习和发展思维能力的巨大推动力，"教人未见其趣，必不乐学。"这符合心理学"兴趣是内发性动机的中心"的认识。地理科学具有知识性、科学性、实践性强的特点，涉及的地理知识包罗万象。学生要么对其望而生畏，要么兴趣盎然。这就需要地理教师下工夫去引导去激发学生的学习兴趣。如果一个学生对地理产生了比较稳定、持久的兴趣，那么他必然会形成良好的学习动机。全球意识作为一种跨世纪的新思维，应该在地理课程中得到体现。地理课帮助学生了解全球范围各个国家相互依存的现实，从而理解国际合作的价值，也帮助学生了解全球的环境与发展的问题，将可持续发展战略放在全球的背景下去思考，等等，都有助于初步形成正确的全球意识。

① 林培英. 我国大陆地理课程发展中课程目标变化的讨论. 地理教育，2007：1。

三、地理“三维目标”的整合

“三维目标”不是三个目标，而是一个目标中的三个维度。从三者的基本内涵来看，知识与技能是载体，是基础，重在智能的提升；过程与方法是依托，是知识与技能目标和情感态度和价值观目标达成的途径；情感态度与价值观是课程的终极目标，完成人格的塑造。这三个维度在实施过程中是一个有机的整体。

（一）知识与技能

“知识与技能”目标是地理课程的基础目标，是教师钻研课程标准和教学指导意见、教材后，在教学设计时首先必须明确的目标。这一点与以往的高中地理教学大纲是一致的。地理基本知识、基本技能是过程与方法、情感态度与价值观目标落实的不可缺少的载体和基础。学生要想高效地参与地理教学过程，熟练地掌握地理学习方法，顺利地形成正确的情感态度与价值观，都离不开地理基本知识、基本地理技能。其中“地理知识”是指地理概念、原理、规律等，“地理技能”主要指地图绘制和分析技能、地理图表制作与分析技能、地理观察与调查技能、地理实验技能、地理统计技能与计算机技能。

“知识与技能”目标之一是“获得地球和宇宙环境的基础知识；理解人类赖以生存的自然地理环境的主要特征，以及自然地理环境各个要素之间的相互关系”。这一目标主要针对自然地理的知识，涉及地球的宇宙环境、地球四大圈层、自然环境的整体性和差异性等传统内容，其中有关“人类赖以生存的自然地理环境的主要特征和自然地理环境各要素之间的相互关系”的知识可以说是高中地理课程的经典内容，并且它是学习人文地理、人地关系有关知识的基础。本条目标的完成重点通过必修模块“地理 1”来实现。

“知识与技能”目标之二是“了解人类活动对地理环境的影响，理解人文地理环境的形成和特点；认识可持续发展的意义及主要途径”。这一目标主要针对人文地理的知识。人文地理与自然地理并列为系统地理的两大支柱，其中的“人类活动对地理环境的影响以及人文地理环境的形成和特点”等内容也是高中地理课程中的重要内容，对诠释人地关系、可持续发展理论等地理课程核心论题有重要意义。并通过此培养学生形成可持续发展观念，珍爱地球、保护环境。所以这部分内容同样会在“情感态度与价值观”目标中有所体现。本条目标的完成重点通过必修模块“地理 2”来实现。

“知识与技能”目标之三是“认识区域差异，了解区域可持续发展面临的主要问题和解决途径”。这一目标主要是有关区域地理的知识，从成因上认识区域差异并通过具体区域认识区域的开发整治和区域可持续发展等内容。实际上是以区域为载体对人地关系和可持续发展基本原理的进一步领会。本条目标重点通过必修模块“地理3”来实现。

“知识与技能”目标之四是“学会独立或合作进行地理观测、地理实验、地理调查;掌握阅读、分析、运用地理图表和地理数据的技能”。这些技能的掌握不仅有利于学生的学习,而且对于学生的生活以及终身发展都非常有益。

(二)过程与方法

正如前面在地理新课程目标对过去地理教学大纲教学目的的继承发展的论述中所阐述,与以往的高中地理教学大纲明显不同的是,本次课程改革首次将“过程与方法”提出,并使其成为高中地理课程的关键目标,这是本次课程改革的“亮点”之一。对“过程与方法”目标的设置,极大地改变着我们的教育观念,使我们重新认识“经历学习过程”的意义和启发我们思考究竟如何看待“教学成果”。《基础教育课程改革纲要(试行)》告诉我们,必须“改变课程过于注重知识传授的倾向,强调形成积极主动的学习态度,使获得基础知识和基本技能的过程同时成为学会学习和形成正确价值观的过程”。

“过程与方法”目标之一是“初步学会通过多种途径、运用多种手段收集地理信息,尝试运用所学习的地理知识和技能对地理信息进行整理、分析,并把地理信息运用于地理学习过程”。这是“过程与方法”目标的基础。如果高中学生不会收集地理信息并将其运用到地理学习过程中,那么接下来解决地理问题就成为空谈。所以本条目标对于高中学生的应用性学习来讲,只是一个初级目标。

“过程与方法”目标之二是“尝试从学习和生活中发现地理问题,提出探究方案,与他人合作,开展调查研究,提出解决问题的对策”。本条目标侧重于培养学生发现地理问题和解决地理问题的能力,是在前条目标基础上的提升。其中“发现地理问题”是第一步,“提出解决问题的对策”是核心目标,“与他人合作,开展调查研究”是实现途径。这样的思路和线索是和我们所倡导的研究性学习相吻合的。

“过程与方法”目标之三是“运用适当的方法和手段,表达、交流、反思自己地理学习和探究的体会、见解和成果”。这一目标在过去常常是被忽略的。实际上,一次学习过程结束后,对其进行必要的总结、交流和反思是非常重要的。对于学习参与者,必须完全消化问题并条理清楚、有层次、有逻辑性地将其总结和表达本身就具有较大的难度,这是一种综合能力的锻炼。对于其他学习者,批判地接受别人的经验本身也是一种学习,并且这个过程对于营造良好的学习氛围有潜移默化的作用。

以上“过程与方法”的三条目标属于不同的层次,级别逐渐提高并且形成体系,这对于发展学生的实践能力、培养创新精神都是十分关键的。

（三）情感态度与价值观

在以往的高中地理教学大纲中，虽然也有情意领域的目标，但是相对来说尚处于一个辅助、陪衬的地位。同时在实践中，有的地理教师在进行教学设计的时候也把它放在一个可有可无的位置上，结果是强化了知识却忽略了学生的全面发展。在新课程中，地理情感态度与价值观不再是地理知识与能力的陪衬、附属，而是地理课程的终极目标。这既体现了地理教学认知与情意的统一，也凸显了情感态度价值观在地理教学中的作用。只有当一个学生掌握的知识与技能、经历的学习过程、形成的方法，最终都升华为情感、态度和价值观目标，升华为意识、观念、责任、习惯，他们就有了科学地认识周围世界的思想方法和观念，才是真正具备了地理科学素养和人文素养，这对于学生的终身发展将是受益无穷的。在新课程中，“情感态度与价值观”目标的内涵较过去有了扩展，对“兴趣和动机”、“审美情趣”、“全球意识”、“养成良好的行为习惯”等内容有明确的表述，更加全面地丰富学生的人格世界，这是地理观念教育的一大飞跃。

“情感态度与价值观”目标之一是“激发探究地理问题的兴趣和动机，养成求真、求实的科学态度，提高地理审美情趣”。将激发学生对地理问题学习的兴趣和动机作为课程的目标之一，充分说明地理学习的重要性，也符合现代教学论“学习过程是以人的心理活动为基础的认知活动”的观点。科学态度、审美情趣的培养也是地理教育的重要任务。

“情感态度与价值观”目标之二是“关心我国的基本地理国情，关注我国环境与发展的现状与趋势，增强热爱祖国、热爱家乡的情感”。关注国情、热爱祖国、热爱家乡是地理学科传统的课程目标。但是本次新课程目标中又特别强调“关注我国环境与发展的现状与趋势”，是和环境发展的实际需要相适应的。

“情感态度与价值观”目标之三是“了解全球的环境与发展问题，理解国际合作的价值，初步形成正确的全球意识”。我们生存的星球正面临日益突出的人口、资源、环境等问题，人类正“重新审视自己以往所走过的历程，总结过去以大量消耗自然资源和牺牲自然环境为代价而高速发展经济所带来的严重教训”①。同时随着时代的发展，故步自封已经过时，取而代之的应该是具有时代特征的“国际协作”和“全球意识”的教育。提升到这个高度上，本次新课程改革将“形成全球意识”作为重要的课程目标。

“情感态度与价值观”目标之四是“增强对资源、环境的保护意识和法制意识，形成可持续发展的观念，增强关心和爱护环境的社会责任感，养成良好的行为习惯”。地理学有两个显著的特点：综合性和地域性。它是研究地理环境以

① 教育部.全日制义务教育地理课程标准（实验稿）.北京师范大学出版社，2001。

及人类活动与地理环境相互关系的一门学科，其所涉及的自然、人文等各个领域几乎都跟可持续发展战略密切相关，因此地理课程成为可持续发展基础教育的主渠道。可持续发展教育在“知识与技能”领域已有目标要求，但是本条目标中要求学生“产生意识—形成观念—增强责任—养成习惯”。从而使遵守“环境道德、资源道德、人口道德”蔚然成风，使可持续发展观念与行为成为社会公民的自觉习惯。

（四）实现三维目标的整合

“三维目标”中的三个维度在教学实施过程中表现为一个有机的整体，具体的知识与技能目标需要通过过程和方法才能体现，情感、态度和价值观目标也是在过程和方法中产生的。因此可以看出设计优秀的教学方法，使地理学习的过程与方法凸显，将知识与技能、情感态度与价值观的获得融合贯穿在其中是关键所在。三者不能割裂，也不能成为形式。其中尤其是“情感态度与价值观”目标常常成为教学目标中的“过场”。比如，“通过对水循环和洋流知识的学习，督促学生查阅资料，培养责任感和环境观念，培养实事求是的作风和严谨的科学态度”，“在认真学习我国各区域自然环境差异的基础上，激发学生学习地理的兴趣和对生活的热爱；唤醒并坚定学生关心环境的信念；形成爱国主义情感和全球意识。”类似于这样的不痛不痒的话在过去教师教案的教学目标中屡屡可见，使“情感态度与价值观”目标如同虚设。在新地理课程中我们要纠正这样的现象，应该在梳理出教学内容的基本事实、概念、原理、技能的基础上，深入挖掘其中蕴涵的地理观念、地理思想方法，设计出针对性强、可操作的知识、技能、过程、方法和情感态度价值观相统一的教学目标。比如，在“大气的运动”一节，教学目标确定为①：

1. 知识与技能

说出主要地理概念的基本含义：太阳辐射、地面辐射、大气辐射、温室效应、大气对流运动、大气水平运动、水平气压梯度力、锋面、冷锋、暖锋、准静止锋、等压线、高压、低压。

通过“大气组成”的学习，说出大气中各主要成分对太阳辐射的吸收作用。

通过“大气热力作用”的学习，解释“大气对太阳辐射的削弱作用”。

通过“全球气压带、风带”的学习，说出全球气压带、风带的名称、分布、各风带的主要风向；学会从太阳辐射的纬度差异、热力环流、地转偏向力等方面解释全球气压带、风带的形成和分布；绘制全球气压带、风带分布示意图。

通过“全球气压带、风带”和“世界气候类型”的学习，说出各种气压带、风带

① 夏志芳. 高中新课程必修课教与学：地理. 北京大学出版社，2006：41-42。

控制下的气候类型的主要特征;能说出在气压带、风带移动影响下各种气候类型的主要特征。

通过"常见的天气系统"的学习,学会分析各天气系统的主要特征,说出主要天气系统影响下的天气特征。

2. 方法和过程

通过阅读"地面辐射使大气增温示意图",解释"地面辐射是大气的主要热源"。

通过阅读和分析"冷热分布不均引起的热力环流示意图",解释"大气热力环流"的形成过程。

通过学习"大气的热力作用",运用"玻璃温室示意图",解释产生"温室效应"的主要原因。通过联系实例说明"温室效应"带来的后果。

通过阅读"在气压梯度力与地转偏向力共同作用下形成的风(北半球)"示意图、"近地面大气中的风向",解释形成风的直接原因和影响风向的主要因素。

通过阅读"气压带、风带的季节移动示意图",解释全球气压带、风带移动的主要原因和规律。

通过阅读和分析"全球气压带、风带分布图"和"世界气候类型分布图",分析各主要气候类型的特征。

通过阅读简易天气图,简要分析冷锋、暖锋、高压、低压等天气系统以及各天气系统主要特点及其影响下的天气特征。

3. 情感态度和价值观

在学习"常见的天气系统"的过程中,了解影响我国的主要的天气系统,并予以关注。

分小组,通过查找资料,组织研讨等方式,对影响本区的重要天气系统的形成、发展规律、对本区天气特征的影响等进行探讨,并予以更多关注。

在学习过程中,养成关心天气相关信息的习惯,例如,收看电视节目中的天气图等,关注天气变化对社会经济和人们生活的影响。

通过收集有关"大气温室效应"的资料或教师播放的录像,提高对保护大气环境重要性的认识。

资源链接

[1] 教育部. 普通高中地理课程标准(实验). 2003.

[2] 钟启泉,等.《基础教育课程改革纲要(试行)》解读. 上海:华东师范大

学出版社,2001.

[3] 地理课程标准研制组.《普通高中地理课程标准(实验)》解读.南京:江苏教育出版社,2004.

[4] 林培英.我国大陆地理课程发展中课程目标变化的讨论.地理教育,2007,(1).

[5] 李桦,孙为华.地理新课程教学目标设计的若干问题.中学地理教学参考,2004,(6).

[6] 邵胜新.新课程地理教学三维目标的设计与落实.地理教育,2006,(6).

[7] 洪婷.地理"过程与方法"目标的价值追求.地理教育,2006,(3).

教学反思

【反思文章】

高中地理课程标准课程目标解读①

新课程的"过程与方法"是指了解科学探究的过程和方法;学会发现问题、思考问题、解决问题的过程和方法;学会学习，形成创新精神和实践能力等,是新课标的特色目标。

"过程与方法"目标的提出是新课程的一大亮点,是教学领域一次深层次的革命。因为它突出了以学生发展为本的思想,更有利于学生的全面发展。"过程与方法"方面的目标,从总体上看更加关注学生的兴趣和生活体验,强调感知身边的地理事物,并形成地理表象,倡导从学习和生活中发现地理问题和分析、判断并提出看法或解决问题的设想,要求学生学会与别人交流和交往。而且,新课标的设计非常注重"地理科学活动"的过程,给学生创造了更多机会体验主动学习和探索的"过程"和"经历"。

(1) 获取、整理、分析、运用地理信息的过程与方法:例如,收集有关资料,写一篇关于海平面上升对沿海地带影响的小论文;收集家乡某条河流的资料,分析其变化的主要原因,并对该河流的治理和开发提出自己的设想;收集所在城市不同时期的地图、照片,或进行走访,讨论城市的变化,交流感想;用电子地图(网络或光盘形式) 查询城镇、交通、旅游等信息。

(2) 发现、探究、解决地理问题的过程与方法:例如,绘制全球气压带、风带

---

① 文章来源:《中学地理教学参考》2004 年第 9 期。作者:徐悠,江苏省南菁高级中学。

分布示意图，说出气压带、风带的分布、移动规律及其对气候的影响；模拟“选房购房”活动，通过上网浏览、收集广告资料、实地调查考察等多种途径，对几处商品房的区位、布局、设施、环境等方面进行评价（选修）；以某经济发达区域为例，分析该区域工业化和城市化的推进过程，以及在此过程中产生的主要问题，了解解决这些问题的对策措施；连续观测半个月以上的月相，记录并总结月相的变化规律，分析月相变化的原因。

(3) 表达、交流、反思学习与探究的体会、见解和成果的过程与方法：例如，联系本地实际，撰写一篇有关环境问题的看法，并参与宣传环境保护的活动，为改善本地环境做力所能及的事；观看介绍海洋的影响资料或参观海洋科普场馆，以“21 世纪是海洋世纪”为题，举办一次演讲会。

【反思探究】

“过程与方法”目标的设置和强调的确是本次地理新课程的一次创新和飞跃，给常规的教育观念带来不小的冲击。对知识的学习不仅要知其然，更要知其所以然；方法的掌握胜过对结论的简单记忆……这些教育理念其实一直都存在于我们教育者的头脑当中，只不过现实的教育太服从于各种考试了，而要达到考试的目的的确有更多的比让学生经历“过程”更加快捷的途径，比如对教科书的烂熟、对结论的强化记忆，对各种题目的反复练习……所以在实践中，我们的教育恰恰是放弃了更能内化为学生科学修养的“过程”，也忽略对“方法”的掌握，成为快节奏的现代社会流行的“速食主义”的又一例。实际上，注重地理学习的“过程与方法”并不与考试相冲突，恰恰相反，它能促进知识的获得和应用。如上文所述，我们需要的就是重新进行合理的教学设计，让学生亲身参与地理信息的收集、整理和分析，地理问题的发现、探究和解决，地理现象和成果的总结、表达和交流。因此，在地理新课程中将“过程与方法”也作为课程的目标之一提出，实际上本身也是对高中地理教学方法的重新定位。

第4讲
高中地理新课程的设计思路

思考研讨

1. 如何理解高中地理新课程所体现的基础性、时代性和选择性？

2. 高中地理的核心论题是什么？

3. 谈谈你对地理新课程的“模块教学”模式的理解？在实践中会不会有问题？有什么问题？怎么解决？

理论概述

《普通高中地理课程标准(实验)》中“课程设计思路”一节中规定了四条内容：

第一,高中地理课程注重与实际相结合,要求学生在梳理、分析地理事实的基础上,逐步学会运用基本的地理原理探究地理过程、地理成因及地理规律等。

第二,高中地理课程内容的设计以可持续发展为指导思想,以人地关系为主线,以当前人类面临的人口、资源、环境、发展等问题为重点,以现代科学技术方法为支撑,以培养国民现代文明素质为宗旨,从而全面体现地理课程的基本理念。

第三,高中地理课程由共同必修课程和选修课程组成。高中地理共同必修课程共6学分,由“地理1”“地理2”“地理3”(各2学分,36课时)三个模块组成,涵盖了现代地理学的基本内容,体现了自然地理、人文地理和区域地理的联系与融合。必修课程的设计注意其结构的相对完整和教学内容的新颖、充实,使课程具有较强的基础性和时代性。

第四,高中地理选修课程由“宇宙与地球”“海洋地理”“旅游地理”“城乡规划”“自然灾害与防治”“环境保护”“地理信息技术应用”(各2学分,36课时)七个模块组成。选修模块涉及地理学的理论、应用、技术各个层面，关注人们生产生活与地理密切相关的领域，突现地理学的学科特点与应用价值，以利于开拓学生的视野，进一步提高学生的科学精神与人文素养。

分析以上四条内容发现，它分别从对高中地理课程的价值取向、核心内容、框架结构三个方面确立了本次课程设计的总体思路和搭建了整个高中地理课程的总体架构。

一、服从素质教育，高中地理新课程谋求基础性、时代性、选择性的和谐统一

(一) 服从素质教育是地理新课程的价值取向

关于基础教育课程在价值取向方面，历来都存在着三种不同的观点，即：学科本位论、社会本位论和学生本位论。学科本位论认为课程的设置应当与学科体系接轨，学科体系是课程设置的基础和依据；社会本位论认为课程的设置应当完全按照社会的需求来设置，使从学校走向社会的学生能较快适应社会工作的需求；学生本位论则认为学校课程的设置应当从学生的需要、特点、爱好出发，以促进学生的学习。这三种观点都有一定的道理，但是都过于偏激。现代教育的观点认为，中学课程的设置必须兼顾社会、学科、学生三个方面，不能顾此失彼。要实现对社会、学科、学生的兼顾，求得一个平衡点的途径只有一个，那就是通过提高学生的素质来实现。

我国十几年来，高中地理课程的结构体系一直比较传承地理学的学科体系，结构严密。遵循地理学科的逻辑顺序和结构，传统的高中地理教材大多是按照自然地理—人文地理，或系统地理—部门地理的方式组织课程内容。这种结构体系潜移默化地形成了我国很长一段时间里地理课程主要实现传递地理知识的功能。进入21世纪，地理科学体系越来越庞大、社会经济与文化飞速发展、信息技术的广泛应用以及人口、资源、环境与经济发展之间的矛盾加剧等现实对中学地理教育带来很大的冲击。地理教育逐渐从“重地理知识传授”的教育模式转移到“关注人的全面发展，以培养学生的地理素质为核心，为学生构建自主学习、合作学习、探究学习的地理大课堂”上来。“改变以知识传授为中心，以培养学生的综合素质为核心”的教育思想在社会各界已经达成共识。这样的认识与上面提到的现代教育学关于课程的价值取向的结论是一致的，那就是：通过素质教育满足课程对社会的需要、地理科学体系、学生发展的兼顾。而高中地理课程所谋求的基础性、时代性、选择性的和谐统一，就能够很好地体现出这种兼顾与平衡，使高中阶段的地理课程得以纳入素质教育的轨道(图 4－1)。

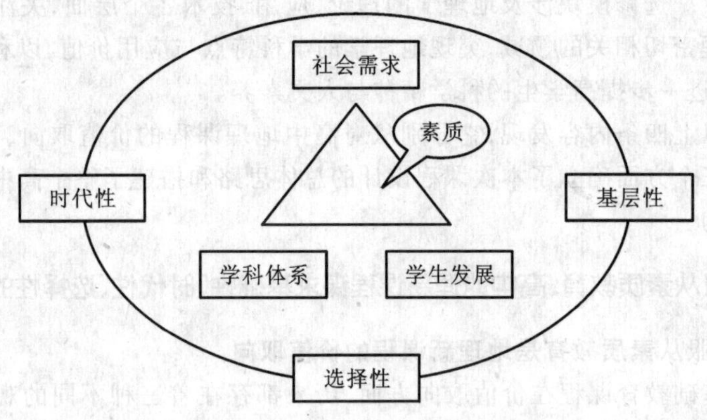

图 4－1　高中地理课程谋求基础性、时代性、选择性的和谐统一①

（二）高中地理新课程谋求基础性、时代性、选择性的和谐统一

为选择和重建高中地理课程，本次课程改革提出了要遵循基础性、时代性、选择性的原则。

1．基础性原则

“普通高中教育是在义务教育的基础上进一步提高国民素质、面向大众的基础教育”，因而，高中地理课程必须具有很强的基础性。包括三个方面：①高中地理课程要精选地理学科在发展的历史长河中逐渐沉淀下来的那些具有持久价值的相对稳定的知识，体现出学科的基础性。这对于地理知识的传授和学习是必须的。②高中地理课程要提供给学生作为未来公民必备的地理基础知识，包括基本知识、基本技能以及正确的人口观、资源观、环境观和可持续发展等观点。③高中地理教育要为每一个学生的终身学习打下基础，同时更要对对地理科学怀有浓厚兴趣、有志于地理科学研究的学生将来的发展奠定坚实的根基。

2．时代性原则

学生总是处在特定的时代环境中，教育也与所处的时代相呼应，要体现出时代的特征。因此，课程的内容也应当与时俱进，与社会进步、科学文化发展结合起来。高中地理课程不仅要体现地理学科的时代性，也要体现社会需求和学生发展的时代性。顺应地理科学的发展，地理新课程要能反映出当前地理科学的发展趋势，适当引入地理科学前沿的研究成果，在有条件的地方给学生介绍地理信息技术的应用等。开放的时代和信息化社会的到来，要求学生能以广阔的视

① 陈澄．《普通高中地理课程标准（实验）》解读．江苏教育出版社，2004：50。

角和敏锐的洞察力看待问题。高中地理课程通过对诸如自然地理环境要素间的相互影响、全球环境变化和发展等问题的探讨,帮助学生形成全球意识和学会用联系的观点看待问题。对于经济迅速发展背后层出不穷的资源和环境问题,地理课程还担负着进行可持续发展教育的重要任务。

3. 选择性原则

选择性原则是在坚持基础性原则和时代性原则的基础上,尤其是要在保障所有学生建立地理知识的共同基础之上,满足学生不同的学习需要。为此,高中地理课程必须灵活多样,并且能够尽量为学生提供丰富的选择机会,满足学生探索自然奥秘、认识生活环境、掌握现代地理科学技术方法等各种不同的学习需要,以达到提高学生素质的目的。

二、以可持续发展作为高中地理新课程的核心论题

(一)人地关系理论与可持续发展理论的关系

"人地关系"属于人与自然关系的范畴,但是作为地理学的理论概念,它又不同于一般人与自然的关系。一般的人与自然的关系,是人与空气,人与动植物,人与矿产,人与山脉、河流、湖泊、海洋等之间的关系。作为地理学理论概念的"人地关系"应当是:指在人类社会不停地向前发展,人类为了生存的需要,不断地扩大和加深改造与利用地理环境,增强适应地理环境的能力,改变地理环境的面貌,同时地理环境也更加深刻地影响着人类活动的地域特征和地域差异。① 人地关系理论是人文地理学的基础理论,也是人文地理学研究的中心课题。人地关系发展的历史表明,人地关系问题集中表现为土地承载力的限制,人地关系发展总是围绕不断变动的土地承载力上下波动而调整和发展的。土地承载力集中体现了人地相互作用的强度及人地系统功能的大小。工业化革命后,全球性区域发展的规模与速度加剧,特别是人口的急剧增长,导致一些地区超出其应有的区域经济负荷,尤其是超出其土地承受的能力,进而引起环境恶化和资源短缺,最终导致若干地区出现粮食危机。随着工业化国家经济迅速发展,环境污染和资源短缺问题日渐明显。到20世纪60年代,在许多国家,环境污染带来的灾害性事件时有发生,普通公众也意识到了工业化引起的环境退化问题。与此同时,医学研究的发展大大提高了人的寿命,而人类生存所需依赖的自然资源不但没有增长,反而急速减少,人类在历史上又一次面临土地承载力的问题。但与以往不同的是:①这次承载容量面临的问题不是发生在少数地区,而是遍及全球;②此次全球资源的承载力限制不仅仅发生在土地资源,而且扩展到了

① 教育部《基础教育课程》编辑部. 中学新课标资源库地理卷. 北京工业大学出版社,2004:170。

森林资源、矿产资源、水资源等。人地关系在时空及内容上发生了变化,构成了人类—资源—环境—发展之间的冲突。

由于人类活动对地理环境种种影响所带来的危机,当今世界面临的诸如人口剧增、资源过度消耗、水土流失、土地退化、森林毁坏、生物种类锐减、水资源短缺、气温增高、自然灾害频繁等一系列全球性问题越来越突出,人类必须重新审视自己在发展历程中的行为,总结过去依赖无限制地大量消耗自然资源发展经济所带来的沉痛教训,并意识到这些问题必须解决。"既满足当代人的需要,又不损害后代人满足需要能力的发展",实现经济、社会、生态相互协调的可持续发展观就是在这种背景下产生的,这是人类对自身发展与地理环境相互关系认识上的一次飞跃。同样的,中国的国情是在经济建设取得辉煌成就的同时,环境形势却日益严峻,这决定了我们必须走可持续发展之路。因此,中国政府不仅向世界庄严承诺积极履行联合国《全球 21 世纪议程》,而且还制订了世界上首例关于一个国家的 21 世纪议程行动方案——《中国 21 世纪议程——中国 21 世纪人口、环境与发展白皮书》。

陆大道院士认为,从"地球表层系统"到"人地关系地域系统",再到"区域可持续发展",形成了地理学研究的一条主线,道出了人地关系的理论研究对可持续发展的重要意义。可以这样认为:可持续发展战略是在人地关系理论基础上的升华,是人类社会对自身发展历程和模式进行反思得出的发展新模式,其内涵将比人地关系理论更全面、更系统、更深刻,并且更具有现实和长远意义。

(二) 地理教育成为可持续发展基础教育的主渠道

可持续发展观形成于环境问题又突破了环境问题,成为一种人类社会发展模式。世界环境与发展委员会于 1987 年发表的《我们共同的未来》的报告,给出了可持续发展的确切定义:是既满足当代人的需要,又不损害后代人需求能力的发展。其丰富的内涵包括了生态的持续发展、经济的持续发展和社会的持续发展。其目的旨在促进人类经济、社会发展与环境保护同步,谋求人类与自然的和谐相处。我们可以清楚地看到,可持续发展战略的核心是谋求人类与自然的和谐相处,而协调人与自然的关系正是地理学研究的重要主题。地理学是研究地理环境以及人类活动与地理环境相互关系的一门学科,其所涉及的自然、人文等各个领域几乎都跟可持续发展战略密切相关。打开《中国 21 世纪议程》白皮书的目录,可以发现它和我们高中地理课程的内容有那么多的共同之处。可以说,在基础教育所有的学科之中,地理课程是最适宜于进行可持续发展教育的学科。能够从全球的角度、宏观的角度、综合的角度、区域的角度来分析全球环境并进行可持续发展教育的,无疑就是地理学科。地理教育应该、也能够成为中小学可持续发展教育的主要渠道。

（三）以可持续发展理论作为构建高中地理课程的核心论题

我国20世纪80年代现代推行的高中地理课程，以人地关系理论作为课程内容的主线，是我国地理教育史上的一大进步。但是，随着认识的深入，我们逐渐发现，人地关系理论在解决当前人类所面临的诸多全球性重大问题面前，正日益显示出其局限性。当今全球性的许多重大问题的解决，不仅要从"人地关系"的角度，还要从"地地关系"、"人人关系"的角度，综合地、全面地加以考虑。① 可持续发展理论则全面地涵盖了资源、人口、环境、经济、社会等各个领域。地理学科研究的主题从来都是与社会发展的主要趋势密不可分，并且通过地理学自身的研究、发展和实践活动，积极引导和促进社会的发展。现代社会，可持续发展是整个人类社会发展的共同目标。地理学科目前从地区、区域及人地关系的视角，以探究自然环境各要素之间、人与自然之间和谐的发展的可持续发展规律为核心，是现代地理学的重要特点。近年来，随着可持续发展观越来越受到社会的广泛关注和认可，以及人们对探索可持续发展方法和策略的需求，社会对地理学特别是中学地理教育的要求呈现愈加迫切的趋势。中学地理教育应以可持续发展为核心，在教材、教学及考试的形式和内容上进行全面变革。如果能得到切实、全面的实施，对于解决人类所面临的诸多全球性重大问题将十分有益。

三、中学地理新课程的框架结构

高中地理新课程方案中，课程结构由3个必修模块与7个选修模块组成。模块就是将地理学中有内在联系、学习方式要求和教学目标相近的教学内容整合在一起而形成的基本单元。因此，高中地理新课程属于"模块课程"的模式。在地理课程的3个必须模块中精选地理学科最重要的内容，表现出较强的基础性和综合性，7个选修模块涵盖了地理学应用的广泛主题，相对独立。

（一）初高中地理课程的衔接

初中地理和高中地理是共同处于基础地理教育这个系统工程中，却又分属不同阶段。因此初中地理课程和高中地理课程两者之间应该既分工又联系，形成一个整体，共同完善我国的基础地理教育（图4-2）。初中地理课程的设计思路是"以区域地理学习为主，原则上不涉及较深层次的成因问题"，"地理课程内容分为四大部分：地球与地图、世界地理、中国地理、乡土地理"。初中地理学习以区域为主，要求学生掌握全球概况、各个大洲和地区的自然地理以及人文地理特点、世界主要国家地理概况、我国以及主要地区自然和人文地理特点等基本知识，学会阅读和使用地图、运用地理图表等基本技能，掌握收集地理信息、初步分

① 陈澄.《普通高中地理课程标准（实验）》解读.江苏教育出版社，2004：53。

析地理信息以及地理观察、观测等能力和方法，初步形成地理情感和可持续发展观念，等等，为高中进一步学习相关的地理课程打下了基础。

高中地理课程不再全面地学习区域地理，高中新课程的必修模块是学习系

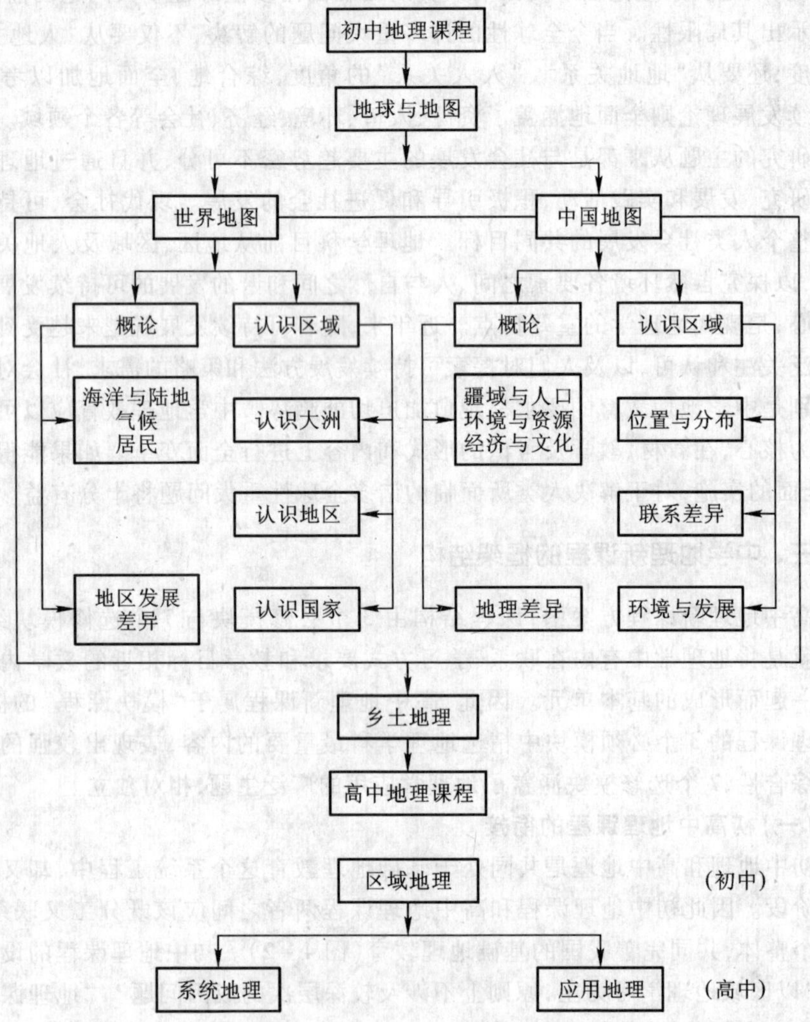

图4-2 初中地理课程与高中地理课程在结构上的衔接①

① 教育部基础教育司，教育部师范教育司. 普通高中新课程教师研修手册：地理课程标准研修. 北京：高等教育出版社，2004：27。

统地理,选修模块除了个别的一些模块外,基本上是学习应用地理。并且,与初中地理“原则上不涉及较深层次的成因问题”不同,高中地理课程的设计思路是“注重与实际相结合,要求学生在梳理、分析地理事实的基础上,逐步学会运用基本的地理原理,探究地理过程、地理成因以及地理规律等”。高中地理课程在内容上“以可持续发展为指导思想,以人地关系为主线,以当前人类面临的人口、资源、环境、发展等问题为重点,以现代科学技术方法为支撑”。

(二) 高中地理课程的必修课与选修课

高中地理课程由共同必修课程与选修课程组成。高中地理共同必修课程共6学分,由“地理1”、“地理2”、“地理3”(各2学分,36课时)三个模块组成。高中地理选修课程由“宇宙与地球”、“海洋地理”、“旅游地理”、“城乡规划”、“自然灾害与防治”、“环境保护”、“地理信息技术应用”(各2学分,36课时)七个模块组成。

1. 必修模块

高中地理共同必修课程涵盖了现代地理学的基本内容,同时根据体现可持续发展思想这一核心内容,必修课程内容的基本框架可以归纳为“一线三块”。“一线”是指在必修课程的各个部分中,始终贯穿可持续发展思想这条主线;“三块”是指三个模块中所包含的内容,分别是人类生活的自然地理环境、人类生产活动与自然地理环境的关系、以区域为载体阐述人地相互作用产生的问题。这三个部分是递进的关系,必须顺序学习。它们既相对独立,又互相联系成为一个整体。

“地理1”是自然地理内容,也是基础。包括地球的宇宙环境、地球表层自然环境四大圈层的物质运动和能量交换、自然环境的整体性和差异性以及自然环境对人类活动的影响。在这个部分中,地理新课程所涉及的自然地理知识虽然和过去地理课程的一样,但是新课程着力从人类赖以生存的自然环境的角度出发,内容上更加强调自然地理环境与人类活动的联系,这是区别于过去的地方。“地理2”以人文地理内容为主,包括人口与城市、生产活动与地域联系、人类与地理环境的协调发展。讲述人类如何在自然地理环境中为了生存而进行的各种活动,以及这些活动与自然地理环境之间的相互影响。这部分的内容应该是在对人类生活的自然地理环境有所学习的基础上进行的,因而与“地理1”前后相承。同时,这部分内容也不拘泥于纯人文地理的结构,在末尾部分讲到“人类与地理环境的协调发展”,阐述了可持续发展的缘由、基本内涵和任务。

“地理3”以区域作为载体,介绍了区域地理环境与人类活动、区域可持续发展、地理信息技术的应用。这部分除对区域和可持续发展内容的涉及外,添加了地理信息技术的应用内容。实际上这个内容在选修课中有专门的模块讲述,在必须模块中提出,是为那些将来不再选修地理课程的同学提供对地理科学发展前沿知识的补充,成为学生在地理知识上的"共同基础"之一。同时也体现了地理课程的时代性。

这三个模块的顺序学习体现了自然、人文和区域的联系和融合。同时,每个模块的具体内容又不仅仅局限于学科体系,都能回归到地理环境与人类的关系上,紧扣可持续发展这一核心论题。

2. 选修模块

选修模块涉及地理学的理论、应用、技术各个层面,关注人们生产生活与地理密切相关的领域,突现地理学的学科特点与应用价值,以利于开拓学生的视野,进一步提高学生的科学精神与人文素养。各个选修模块的设置是以目前中学地理教学的教学实践为依据,以高中学生的兴趣爱好为出发点,所以七个选修模块之间都没有递进关系而是完全平行的。《普通高中地理课程标准(实验)》对于选修课程学习顺序不作具体规定,"选修课可以在必修课之前、之后或者是同时开设"。也就是说,任何一门地理选修模块都可以在高一、高二或高三的任何时候开设,这样就有可能出现学生还没有学习到必修课之前就选修某一块选修课程的情况。之所以这样安排,"其一是考虑到地理课程相对来讲不像数理化课程那样递进性严密,地理选修模块的绝大部分在没有必修课基础的情况下,学生基本上是可以进行学习的;其二是考虑部分地理选修模块允许安排在高二甚至高一学习,这样可以避开高三年级的选修高峰。"①

《普通高中地理课程标准(实验)》还规定,除了因为条件不具备可以暂缓开设"地理信息技术应用"模块以外,其他的地理选修模块原则上各个学校都应该开设。当然,具体各门选修模块在哪个年级开设,有多少学生选修才予以开课,等等,这些问题各个学校应当根据自己的实际情况决定。

《普通高中地理课程标准(实验)》还规定,"有志于从事相关专业(如地学、环境、农林、水利、经济、管理、新闻、旅游、军事等)的学生建议在选修课程中修满4学分"。即有志于进入大学上述相关专业深造的学生,应该在选修课程的七个模块中至少选择两个模块进行学习,并且必须获得相应的学分。

资源链接

[1] 地理课程标准研制组. 普通高中地理课程标准(实验)解读. 南京:江苏

① 陈澄.《普通高中地理课程标准(实验)》解读. 江苏教育出版社,2004:56。

教育出版社,2004.

[2] 吴传钧. 论地理学的研究核心——人地关系地域系统. 经济地理,1991,(3).

[3] 陆大道. 关于地理学的“人－地系统”理论研究内容. 地理研究,2002,(2).

[4] 蔡建民. 走进课堂——高中地理新课程案例与评析(必修). 北京:高等教育出版社,2005.

[5] 高俊昌. 试论近十几年来我国中学地理教材的改革. 课程·教材·教法,2003.(5).

[6] 王树婷. 新课程视野下的地理教材结构与功能研究. 咸宁学院学报,2005.(1).

[7] 赫兴无. 中学地理教材课文系统设计研究. 武汉:华中师范大学,2004.

教学反思

【反思文章】

“可持续发展”的教材分析及教学思路①

一、教材分析

“可持续发展”一节是整个地理教学的核心部分,基于前面学习的不断深入与铺垫,地理教育的最终目的就是帮助学生树立正确的自然观、发展观与环境观,意识到可持续发展的重要意义与必然性。本节从人地关系这个传统问题入手对人地关系思想演变历程进行梳理,目的在于帮助学生更深刻地认识到环境问题不仅仅是一个技术问题和经济问题,它还是一个哲学问题、宗教问题、伦理问题,归根结底,它是文明问题。它深刻地揭示了传统工业文明的弊端,宣告了传统工业文明必将走向终结的命运。它也预示了一个新文明——生态文明的诞生。从20世纪60年代人类环境意识的觉醒,到90年代全球变化的研究,标志着人类正在不断地加深对自己赖以生存的地球的认识,对历史的回顾就是要更多的人明白:地球并非如人类最初所认识的那样,是一个供我们使用的、无限的、耐用的、甚至无所不能的地球。恰恰相反,它是一个资源和承受能力均有限、十分脆弱、与人类具有同样生存权利的、有生命的地球生态系统。

教材在提出可持续发展概念后,又提出可持续发展的三个原则:公平性、持

① 文章来源:《地理教育》2004年第3期。作者:王燕津,北京市汇文中学。

续性、共同性。

公平性原则。包含三层意思：①本代人的公平；②代际间公平；③公平分配有限资源。1992年环境与发展大会的宣言中将这一原则上升为国家间主权原则，并指出："各国拥有按照其本国的环境与发展政策开发本国自然资源的主权，并负有确保在其管辖范围内或其控制下的活动不致损害国家或在各国管辖范围以外地区的环境责任。"

持续性原则。可持续发展强调经济持续，鼓励经济增长。因为这是国家实力和社会财富的体现与人类改进自身需求的基础，而这种发展不仅仅是重视数量的增长，更追求质量的改善、提高效益、节约能源、减少废物，改变制约可持续发展的传统增长方式和消费模式，实现清洁生产和文明消费。"持续性"的核心是正确处理环境与发展的关系，持续的发展不应损害支持地球生命的自然系统，不能超越资源与环境的承载力。

共同性原则。可持续发展是全球发展的总目标，要实现必须采取全球共同的联合行动，要求全球人类共同努力，需要发达国家与发展中国家共同合作，当代社会没有哪个国家可以在隔绝的情况下求得发展，每个国家都要认识到地球的整体性和相互依存性，必须调整和改变传统的政策，实行环境与发展相协助的发展模式。

二、教学思路

讲解可持续发展的概念，帮助学生逐一分析可持续发展的原则并不难，难点在于如何帮助学生切身的感受到可持续发展的重要性，体会到可持续发展的原则并不仅仅是几句简单的教条，而确实是全人类实现可持续的根本基础。在这方面可通过课堂活动作大胆尝试。

教学从一个体验式的捕鱼游戏开始。利用 Flash 创设一个简单的游戏情景：在色彩斑斓的大海中，美丽的鱼儿自由自在地游来游去，每个小组成员都充当起渔夫的角色，担负着养家糊口的重任。在捕鱼的过程中同学们很快就会发现：海中的鱼总是以上一年捕剩鱼数的二倍更新，而最多不会超过最初的总数，同时因为各位渔夫的勤奋工作，海洋中的鱼越来越少。此时，教师要及时根据学生自由探究的情况给予引导，启发学生思考：海洋中的鱼是取之不尽吗？（不是）什么原因使海洋中的鱼越来越少？（渔夫们过度捕捞，没有为后代人着想）有没有办法让海洋中的鱼用之不竭，让渔夫世代繁衍生息下去呢？（捕鱼数不要超过鱼更新的数量）渔夫们一年中，最合理的捕鱼数量是多少呢？（鱼类总数的二分之一，即生物学中 K/2 的概念）通过捕鱼游戏是否得到一些启示？在现实生活中有没有类似的情况呢？（地球上的很多资源，甚至可再生资源都面临这种情况）有没有解决办法？（人类的发展不能超过自然的承载，走可持续发展的道路）通过虚拟情景的体会和以上问题的引导，学生会自觉想到要走可持续发展的道路，提出人类要走"可持续发展"道路的要求。

在此，可和生物老师合作，带领学生利用生物种群概念和分析影响繁殖的因素，明确 K/2 的由来，并进一步讨论没有因素限制的理想繁殖曲线（J 形曲线），同学们很快发现，种群数量激增到一定程度，就会发生突然的物种大量死亡。

"从理论上讲，只要寻找到 K/2，实现可持续发展是不是就水到渠成了呢？现实是不是这样呢？"教师及时提出新的问题，引出下一个活动，在前面捕鱼情景的基础上，每个小组代表一个国家（如印度、美国、伊拉克、日本等），请每个"国家"制定一份"可持续发展方案"并阐述理由。结果会发现，"印度"因为人口增长率高，人口基数大，要求多分到一些"鱼"；"日本"以资源匮乏、人口多为由要求多得；"美国"以雄厚的经济、军事、技术实力为资本要求得到更多的"鱼"；而"伊拉克"人民也要求自身的生存与发展。

简单的情景虚拟使学生体会到站在不同立场上思考问题的视角、过程的差异。同学们在面红耳赤的争论后会切实体会到，只有基于共同发展、平等互利、公平等原则的基础上，各国才有可能联合在一起，实现全人类的可持续发展。在激动过后冷静的思考：可持续发展真正从观念走向现实谈何容易，这需要每个国家、每个地区、每个人站在全球大局的立场上去思考与行动。在"我能为可持续发展做些什么？"的反思中结束本节的教学。我们有理由相信对"可持续发展"的思考在学生心中才刚刚开始！

【反思探究】

本文以一个捕鱼的情景教学过程进行可持续发展观念的教学，贯穿了地理新课程的核心论题：可持续发展思想。像类似的理论，同时在教学目标中又是属于"情感态度与价值观"层次，在实际教学中老师往往会觉得难以与实际生活相联系，干巴巴的条款使课堂枯燥乏味，也难以内化为学生的自觉意识。这样的话，"使中学地理教育成为可持续发展教育的主渠道"就成了一句空话，在将来的生活中，学生也许也能高呼"走可持续发展之路"的口号，但是能不能落实在行动上，就很难说了。新课程的结构和目标的改变要求教师在具体的教学过程中改变传统灌输结论知识的模式，改之以灵活的、探究的教学模式，并在教学过程中完成学生对"知识与技能"、"过程方法"、"情感态度与价值观"的获得。

这样的课堂活泼、生动，也不违背科学原则，在我们实际教学中可以适当辅助以这样的情景教学，实际上也是给学生提供平台尝试从学习和生活中发现地理问题，提出探究方案，与他人合作，开展调查研究，提出解决问题的对策。

教学策略篇

- 当代地理学的前沿领域与发展趋势
- 新课程背景下的高中地理教师素质
- 地理教学中学生创新能力的培养
- 多元智能理论与地理教学
- 地理新课程教学方法的优化
- 现代信息技术在地理教学中的应用

第 5 讲
当代地理学的前沿领域与发展趋势

思考研讨

1. 如何合理结合地理学的前沿领域和发展趋势进行地理课堂教学。

2. 地理学的前沿领域与发展趋势对学生学习地理、培养地理科学意识有什么意义。

理论概述

在地理学若干年的发展过程中,我国地理学也曾走过一些弯路。比如,片面地批判地理环境决定论,导致在环境问题和环境科学兴起之初处于被动。但正是在对问题的批判与探索中,我国成长了一大批地理专家和学者。这些地理学家兴真理之风,兴开放之风,兴实践之风,不断探索当代地理学研究的新领域,使地理学出现了新的发展趋势。对于中学地理教师来说,为完成新的地理教育使命,除了应当具备地理的基础与传统知识之外,对当代地理学的前沿领域和发展趋势也必须进行了解。

本讲主要根据郑度、陈述彭两位院士关于当代地理学的前沿领域和发展趋势所作的研究,并结合其他一些学者的观点,对这两方面的知识略作铺陈。

根据郑度、陈述彭在《地理学研究进展与前沿领域》一文中的观点,地理科学研究的前沿领域知识包括五个大的问题:全球变化及其区域响应研究、陆地表层过程和格局的综合研究、自然资源保障和生态环境建设研究、区域可持续发展及人地系统的机理和调控研究、地理信息科学技术和“数字地球”研究。当代地理学发展趋势可以归纳为五个方面:一是与相邻学科的交叉、渗透、融合更为广泛深入;二是内部分支学科间的发展更为协调统一;三是宏观研究上升到全球变化领域,微观机理过程研究深入发展;四是应用研究领域不断扩展,参与了全球性、区域性重大问题的解决；五是信息技术手段实现历史性更新，理论思维面临重大转变。

一、地理学的前沿研究

(一) 全球变化及其区域响应研究

全球变化科学是20世纪80年代开始提出的一个新兴科学领域。它以"地球系统"为研究对象，将大气圈、水圈、岩石圈和生物圈看做一个整体，探究地球环境系统运转的机制、变化规律以及人类活动对地球环境的影响。对全球变化的研究有利于我们对将来地球环境变化本身及其对人类社会发展的影响作出科学的预测，对促进未来社会的可持续发展具有不可估量的价值。

但是，在关注全球变化的过程中，人们逐渐注意到，地球系统各个部分的变化并非步调一致。地球各区域的自然地理过程和人类活动对地理环境的影响程度的现实差异使得地球系统及其各部分的面貌在不同的时空尺度上的表现千差万别。人类对某一地区施加的影响，会对其他地区产生作用，而今天的措施又将对未来产生影响。当今瞩目的全球环境变化问题是与长期以来人类活动影响的缓慢累积过程有着密切的关系。所以，"地球区域的变化不是孤立的，全球变化也不是区域变化的简单集合。区域变化既可以认为是全球变化的区域表现，又可以认为是全球变化的区域响应。它们是地球系统内在规律调控下和人类活动影响下的具体行为，通过地球系统的运行规律连接成为一个相互作用的整体，任何一个地区的变化都是地球系统整体行为中的一个部分，也对其他地区以及整个地球系统产生影响和控制。"①

全球变化研究涵盖大气、海洋、地理、地质、地球物理、环境、生物、生态、能源、人口、经济等诸多学科，研究人员涉及自然科学界和社会科学界的科学家以及政府和企业界的管理人员，研究方法强调学科的交叉和理论的集成，并将地球系统科学作为其研究的新方法。全球变化及其区域响应涉及古地理环境演变、土地利用和土地覆被变化、减轻自然灾害、典型区域环境定位研究以及全球环境变化的对策等众多领域。我国的青藏高原、黄土高原等区域和全球环境变化关系密切，正是地理学研究可以发挥特长、显示才干的领域。

结合我国国情和地理学的特点，当前主要研究方向包括：全新世的古地理环境演变，特别是近2000年来历史时期的气候环境变化；极地、高山和冰冻圈的综合研究；土地利用和土地覆被变化及其驱动力；全球环境变化及其对环境脆弱地区的影响与响应；全球环境变化的战略对策研究等。

---

① 符淙斌，董文杰，温刚，等．全球变化的区域响应和适应．气象学报，2003，61(2)：245。

(二)陆地表层过程和格局的综合研究

地理学的传统研究领域是发生在陆地表层各种自然和人文现象的空间分异和空间组织。所谓陆地表层系统,包括与人类密切相关的环境、资源和社会经济在时空上的结构、演化、发展及其相互作用,是地球表层最复杂、最重要、受人类活动影响最大的一个子系统①。地理学在对陆地表层系统的研究中,过去还停留在经验性、描述性范围的空间格局研究,所能达到的视野有很大的局限性,不能提供为认识和预测地理环境变化所必需的资料。因此 20 世纪 60 年代以来,国内地理学界发展了地表热量与水分平衡、地理环境中化学元素的迁移转化以及生物群落与其环境之间的物质、能量的交换等三个过程研究的方向,国内外地理学界也发展了用社会科学理论解释空间格局的人文地理方向。近十几年来,地球陆地表层过程的研究在地球系统研究中的地位越来越重要,尤其强调将自然过程与人文过程有机地结合起来,应对环境变化对科学提出的挑战。从与陆地表层地理过程相关的国际重大科学计划的研究主题看,陆地表层地理过程的研究重点和核心已经从自然向自然与人文结合的方向发展、从无机向无机与有机结合的方向发展、从单要素单个过程的研究向多要素多过程与综合研究的方向发展、从宏观向宏观与微观相结合的方向发展。②

众所周知,陆地表层系统在地球表面的时空分布呈现出不均匀的特点。为此,使我们可以将陆地表层划分为不同的地域类型。陆地表层格局的重要研究内容就是认识不同地域类型的过程、结构和演化、差异性、一致性等。

近年来,国内外许多地理学者认识到,要推动地理学的发展,必须在格局与过程的相互作用方面加强研究,地理学家必须强调格局和过程及其间的关系。我国幅员广袤,东临太平洋,西靠欧亚大陆腹地,南北跨越热带、亚热带和温带,山地高原众多,季风气候显著,既有湿润的森林又有极端干旱的荒漠,形成三大自然区并列的独特格局。复杂多样的自然环境为不同区域、类型和自然过程的比较研究提供了广阔的舞台。

近期主要研究方向包括:水文循环过程与水量转化机理及其物理实验模拟;流域系统中物质迁移过程及其对区域环境的影响;坡地侵蚀发育过程与坡地的改良利用;土地演变过程及其调控机理;土壤－植物－大气连续系统过程及区域尺度转换;生命元素、污染物质、重金属和稀土的环境生物地球化学过程及其健康效应;自然地域系统的综合研究;典型地区环境演化过程等。

---

① 郑度,陈述彭. 地理学研究进展与前沿领域. 地理学发展方略和理论建设. 商务印书馆,2004:26。

② 冷疏影,宋长青. 陆地表层系统地理过程研究回顾与展望. 地球科学进展,2005,20(6):600。

(三) 自然资源保障和生态环境建设研究

水资源、土地资源、生物资源和矿产资源等自然资源是自然地理环境的重要组成部分,也是人类社会得以生存延续的物质基础。我国的自然资源虽然总量丰富,但是人均占有量少、空间分布不均衡。加之我国过去 20 年的快速经济发展基本是依赖自然资源的大量消耗,这种大规模的消耗在促进我国经济出现奇迹的同时,也为以后的可持续发展埋下了隐患。以我国为缩影,全球的自然资源由于遭到长期以来掠夺式的开发和不合理的经营管理,导致自然资源枯竭、环境退化和生物多样性丧失等一系列问题显现,这些问题成为制约人类社会可持续发展的严重障碍。从资源承载力的角度看,总体上我国人口和经济的发展还没有超出自然资源的承载力限度,但是部分地区和部分自然资源严重超载①。这样的形势迫使保护自然资源如箭在弦。

因此,应综合研究我国各类自然资源的格局、过程和动态,从整体出发,研究各类自然资源之间的相互关系,揭示其组合特征和演变规律。研究自然资源和生态环境之间,不同区域的资源与环境之间,特别是人类活动与资源、环境之间的相互关系,揭示自然资源的时空变化规律并评估自然资源开发利用的环境效应,阐明人类经营活动对自然资源和生态环境的影响,提出其调控机制和对策。土地退化生态环境恶化具有明显的区域差异,要划分不同的生态类型,对其成因机制、动态过程和发展趋势进行全面系统的研究,提出宏观整治战略及生态环境建设的途径和措施。

资源与环境领域的主要研究方向为:水循环演变规律及水资源、水环境动态评价的理论方法,水资源高效利用途径及优化配置决策;土地质量演变机理及其可持续利用,水土资源的耦合机理及其调控;环境质量评价、预测与区划;生态与环境公益功能及资产价值评估,典型区域生态与环境的定位动态监测与趋势预测;生态地理区划及环境脆弱区域的研究;重点区域(如黄河流域、西北干旱区、东南沿海快速发展区等)生态与环境演变机理及调控。

(四) 区域可持续发展及人地系统的机理和调控研究

1992 年 6 月在巴西里约热内卢召开的联合国环境与发展大会上通过了全球可持续发展的总体战略纲领《21 世纪议程》。随着《21 世纪议程》在全球范围内的贯彻实施,中国政府于 1994 年制定了《中国 21 世纪议程——中国 21 世纪人口、环境与发展白皮书》,可持续发展被纳入全国、各省区和一些大城市的国民经济计划之中。随着可持续发展实践工作的开展,地理学者也展开了对可持

---

① 谢高地,周海林,鲁春霞,等. 我国自然资源的承载力分析. 中国人口·资源与环境,2005,15(5):97。

续发展理论与实践相结合的研究。

可持续发展是整个人类社会发展的目标,协调人与自然的关系是实现这一目标的基本手段,而人地关系的协调需要从全球、国家和地区等不同尺度和层次上进行。人口、经济发展、资源、环境和生态等可持续发展的核心问题以及它们之间的相互关系,无不表现出明显的区域差异。不同的地域,其人口、资源、环境和发展的内涵也不同。区域尺度的可持续发展研究是地理学更能发挥优势的领域。区域经济增长和社会稳定发展要建立在有效控制人口增长、合理利用自然资源、逐渐改善环境质量的基础上,并且应当促进不同类型地区的协调与均衡,缩小区际发展水平的差距。区域可持续发展研究需要将人口、资源、环境与发展作为一个整体,研究它们之间的结构功能、相互作用的机理,预测其发展趋势,拟订调控与管理对策,提出不同类型区域可持续发展的优化模型。

人地系统是人地关系地域系统的简称,是一个由人类和人类的经济社会活动为一方,以人类赖以生存的地理环境为另一方在特定地域中所组成的相互联系、相互作用的一种动态结构。历史经验表明,人和地之间应保持和谐、协调的关系,人类应当自觉地按照客观规律去利用和改造地(自然环境),妥善处理好两者间的关系,才能达到可持续发展的目标。人地系统研究具有跨学科的特点,其中心目标是协调人地关系,重点研究人地系统的优化,并落实到区域可持续发展上。关于这一点,吴传钧院士早就提出人地关系地域系统优化的精辟论断,认为人地关系系统的研究是一项跨学科的大课题,其中心目标是协调人地关系,重点研究人地关系地域系统的优化调控,并落实到区域综合发展上。为此,"要从空间结构、时间过程、组织序变、整体效应、协同互补等方面去认识和寻求全球的、全国的或区域的人地关系的整体优化、协调发展和系统调控的机理,为区域可持续发展和区域决策与管理提供理论依据。"①

当前这一领域的主要研究方向包括:区域可持续发展的指标体系;社会经济要素空间分异规律及其结构优化;人类聚落及城市化研究;人文因素对自然环境影响及其调控;区域可持续发展机理及区域系统结构优化与调控;人地系统的动力学机制,包括人地系统的结构、功能、开放程度及其稳定性;人地系统类型分析及其地域分异;人地系统演替过程的动态模拟及系统调控等。

(五)地球信息科学、技术和"数字地球"研究

信息化时代的到来极大的改变着人们的生产和生活方式,也改变着人们的思维方式。信息及信息知识技术成为推动社会进步的重要动力。在这样的背景下,遥感技术、全球定位系统、地理信息系统等现代信息技术快速发展起来,并推

① 樊杰. 人文(经济)地理学的发展趋势与前沿领域. 地理教育,2004,1:4。

动空间技术科学、信息科学、地球科学的交叉领域迅速发展起来成为一门新兴学科——地球信息科学。地球信息科学包含地球信息哲学、地球信息机理、地球信息技术和地球信息工程等分支。在这门新兴学科里，每个分支都有许多亟待深入的前沿领域。由于地球信息科学的多学科性，它能够为地球系统中许多研究领域的综合、大型地学问题的解决和研究提供强有力的支持，以至于全新的研究和解决方案。地球信息科学的形成和发展，标志着信息时代地球科学的研究方向，有着广泛的社会需求。

早在 1998 年，美国副总统戈尔在美国加利福尼亚科学中心的演讲中就指出："我们相信我们需要一个数字地球，数字地球是一个可以嵌入海量地理数据、多分辨率和三维的虚拟地球。"数字地球是在全球化、信息化的背景中提出的。其确切的含义是，把有关地球的海量的、高精度的、三维动态的数据按照地理坐标集成起来，形成一个"数字世界"。在这个"数字世界"里，人们无论走到哪里，都能按照地理坐标了解到地球上任何一个地方的、任何方面的信息。"数字地球"的核心思想是用数字化手段，整体性地研究解决地球问题和最大限度地利用信息资源。它不仅为地球可视化提供平台，而且为地球科学实验提供一个基本模型框架。利用这个框架，可以重演地球整体各圈层的演变与相互作用的历史、评价现状、预测未来。地球信息科学研究则为"数字地球"关键技术的解决奠定了科学基础，其发展将有助于推动"数字地球战略与中国对策"的研究。

当前地球信息科学研究领域的主要方向包括：①时空信息的认知，时空信息表达、解释与反演，地理数据模型与信息机理的研究；②多源数据融合，大型地学数据库的建设与更新；③地学知识发现，地学信息图谱、地图语言与认知，地理信息模型等地学信息时空分析与模型研究；④地学数据采集与数据处理、虚拟仿真的基础设施；⑤信息共建共享的规范、标准与立法等。

二、地理学科的发展趋势

（一）与相邻学科的交叉、渗透、融合更为广泛深入

地理学所研究的地球表层系统是由大气圈、水圈、岩石圈、生物圈交汇渗透而形成，也是人类活动的主要空间。陆地表层各种自然要素与社会要素相互交错、作用，生态学、环境学、经济学、系统工程等相邻学科都在这里植根、生长，它们与地理学相互交融、汇合、互为补充。这是现代科学发展的基本特点之一，即从单一运动形态的研究走向多运动形态及其相互渗透、相互联系的综合研究；从各独立学科的个别研究转向相互联系的研究。

地理学的发展同时要服务于社会发展和生产实践。就实践中对地理学提出

的诸多重大课题,比如国土整治、区域可持续发展、环境保护、资源的利用与平衡等。这些课题的完成仅仅靠地理学是不够的,需要地理学与有关学科联合协作共同解答着人类面临的前瞻性问题。这些必然促进相邻学科之间的汇合、交叉和渗透,淡化传统的学科界线。

因此,进行跨学科、多层次的大综合研究不仅使地理学的整体性、关联性、动态性和综合性优势具体化、程序化,而且拓宽了地理学的领域,造就了新的学科生长点。

(二) 加强地理学内部的综合研究

长期以来,地理学两大分支自然地理学和人文地理学的割裂对立阻碍了地理学整体综合研究的发展。20 世纪 30 年代以来,地理学专业分化的趋势比较明显。地理学下属的各个分支和专门学科发展越来越深,契合“分科愈细,综合愈重要”的原则,综合的要求也越来越迫切。70 年代以来,综合倾向逐渐增强,在自然地理学和人文地理学内部或它们之间的综合、统一方面都有明显的反映。进一步专业分化和更高层次的综合同步进行。

时至今日,随着社会经济的发展和科学技术的进步,人类活动对自然环境的作用越来越大,其影响也愈加显著。人与自然地理环境的关系成为制约未来社会发展的关键因素。这种关系不仅表现为自然地理环境对人类社会发展的制约,也表现为人类为了生存的需要,不断地扩大和加深改造与利用地理环境,增强适应地理环境的能力,改变地理环境的面貌,同时地理环境也更加深刻地影响着人类的生存。在追求人地关系协调的过程中,人与自然地理环境的关系越来越深刻地交织在一起,所涉及的问题绝不再要么是自然地理学要么是人文地理学的单选题。强调两者的融合,加强地理学内部的综合研究成为一大趋势。

(三) 宏观研究上升到全球变化领域,微观机理过程研究深入发展

地理学宏观综合研究正由区域为主上升到全球变化领域,即整个地球表层的动态变化过程,包括自然环境的演变、生物量的变化、人类活动对全球变化的干预以及全球变化的区域响应,从整体上研究和把握地球表层演变的规律。

地理过程微观研究也在深入。从发展趋势看,微观研究的深化主要表现为由静态的类型的和结构的研究转变为动态的过程的和机制的研究,以及进一步的动态监测、优势调控及预测预报的研究。从总体上看,这些属于地理过程的研究,如地形发育、径流形成、元素迁移转化、土壤发生形成、植被演替、土地退化、城市化等。①

① 黄秉维,郑度,赵名茶. 现代自然地理. 科学出版社. 1999:18。

（四）结合实践，拓宽应用研究领域

科学的进步应该作用于实践领域，仅止于理论研究，是不完整的科学观。我国任美锷教授在20世纪40年代就提出了建设地理学的方向。侧重于综合性较强的建设地理学，是有目的地改造和管理周围环境的科学。它发挥地理学综合性的特色，应用定量方法，直接参与经济规划与设计方案的拟订，主要研究合理利用自然资源、环境保护、人口和经济的合理配置以及综合地理战略与地理工程。

传统上地理研究的主要服务对象为农业，现在非农业应用领域受到越来越多的重视。地理学为社会服务的应用研究领域更趋多元化，开始向城市建设、建筑业、旅游业、采矿业、交通运输、防灾减灾、生态环境保护等方面扩展，其研究内容也更加多样化。其中，尤其是针对当前世界面临的人口、资源、环境与发展问题，开展了广泛的应用地理研究，如资源调查、土地评价、城乡规划、区域开发、国土整治、环境保护等领域，为解决人类面临的重大全球性、区域性问题作出了诸多贡献，开辟了服务于人类可持续发展的主战场。

（五）信息技术手段实现历史性更新，理论思维面临重大转变

现代科学的发展使信息技术手段实现历史性的突破，计算机技术、空间技术和分析测试技术等迅速发展，对地理学产生巨大影响。表现在：遥感、遥测技术的发展使进行大区域的综合研究，分析地理综合体的性质、结构、空间分布和时间演化简便快捷；模拟与实验技术的提高使自然界的长期过程浓缩到实验室，自然变迁一目了然；数量化方法的精密化发展使地理事物的内在关系和规律的显现不再神秘；地理信息系统成为现代地理学的强大技术手段，等等。

在此形势下，地理学的传统思维也受到冲击，面临重大转变。地理学传统的思维模式是以材料和事实为基础，从相互关系中去认识和阐述规律、概括理论，属于经验归纳型综合。与传统的综合模式相比，现代地理学的综合模式有以下几个特点：①有更强的整体观念，更多地从系统整体出发，从理论假设出发进行演绎；②综合的内容更加深广，包括空间与时间、质量与数量、静态与动态、内部与外部、自然与人文等方面；③综合的方法更具有逻辑性和精确性。

资源链接

[1] 郑度，陈述彭. 地理学研究进展与前沿领域. 地球科学进展，2001，16(5).

[2] 宋长青，冷疏影. 当代地理学特征、发展趋势及中国地理学研究进展. 地

球科学进展,2005,20(6)。

[3] 樊杰. 人文(经济)地理学的发展趋势与前沿领域. 地理教育,2004,1.

[4] 符淙斌,董文杰,温刚,等. 全球变化的区域响应和适应. 气象学报,2003(2).

第6讲
新课程背景下的高中地理教师素质

思考研讨

1. 高中地理新课程标准与以往的地理教学大纲相比,有哪些突出点?这些不同对地理教师提高自身素质提出了什么新要求?

2. 如何实现地理教师的专业化发展?

3. 高中地理教师如何提高教育科研能力?怎样处理科研与教学之间的关系?

理论概述

高中地理新课程改革在全国范围内的逐渐推进显示出我国高中地理课程改革的发展和新的探索。这些探索无疑给我国高中地理课程和教学的发展提供了机遇;同时,地理学在学科发展、研究领域、信息技术应用等方面的发展日益深入,对地理教育产生了深远的影响。基于这样的现实,从事高中地理教育的广大教师面临着新的任务和挑战。地理教育在素质教育中的多种功能,必须通过高素质的地理教师才能得以实现。面对新课程改革,地理教师的素质应当怎样持续提高?如何实现地理教师的专业化?这是摆在我们地理教育工作者面前,值得我们认真思考的问题。

所谓教师素质是"教师拥有和带往教学情景的知识、能力和信念的集合,它是教师具有优良的先存性的基础上经过正确而严格的教师教育所获得的。"①一个成功的教师应该具备多方面的素质。在地理学科深入发展和社会给予地理教师更多职责的背景下,地理教师的知识结构、能力素质、心理品质等都面临不同

① 转引自张卫青.地理课程标准的理念与地理教师素质结构的思考.内蒙古师范大学学报:教育科学版,2004。

程度的追加。“地理教育为今日和未来世界培养活跃而又负责任的公民所必需。”①从某种意义上说，对地理教师的素质要求，是在学校各个学科中最为全面的。回应《普通高中地理新课程标准（实验）》，高中地理教师应该具备的素质结构概括起来包括三个方面：高尚的职业道德素质、地理教师专业素养、健康的身心素质。

一、不断提高职业道德素质

政治思想道德素质是教师素质的灵魂。教育部《面向21世纪教育振兴行动计划》明确要求：“大力提高教师队伍的整体素质，特别要加强师德建设。”教师是培养人的人，教师的道德尤为重要，高尚的道德素质是教师为人处世的行为规范，是社会对教师的期望和要求。

当代地理教师的职业道德素质应当从政治方向、教师道德、思想观念三个方面经常自省。在政治方向上，地理教师应当努力学习马列主义、毛泽东思想和邓小平理论，热爱党、热爱社会主义祖国，忠诚于人民的教育事业。把握住了正确的政治方向才能保证教育在政治方向上的正确性，传授学生以正确的知识和做人做事的准绳。在思想观念上，地理教师要确立科学的世界观和方法论，确立正确的教育观、质量观、人才观。这样在实践中才能坚持用辩证唯物主义和历史唯物主义指导教学的全过程，并引导学生批判种种伪科学，才能紧跟素质教育的步伐。在教师道德上，地理教师要“为人师表，敬业爱生”。尤其是要有高度的责任感和对学生的爱护，才能与学生——我们的工作对象建立起良好的沟通渠道，使学生“亲其师，信其道”，点燃学生智慧的火焰。

二、地理教师的专业素养

“德为才之帅，才为德之资”，地理教师的专业素养是其履行职责的基本资质。《普通高中地理课程标准（实验）》要求地理教师具有综合、全面的科学文化知识，形成动态的立体交叉的知识结构，锻炼复合型的能力素质和专业情感。综合不同专家的研究成果，地理教师的专业素养可以根据知识、能力、情感三个维度，构建如下的专业素养结构图式（图6-1）。

（一）知识素养

高中地理教师的知识素养应当包括扎实的学科专业知识、广博的相关学科的知识、宽厚的教育科学知识和一定的实践知识。

1. 扎实的地理学科专业知识

① 国际地理联合会地理教育委员会. 地理教育国际宪章. 冯以浤，译. 地理学报，1993，48(4)：289.

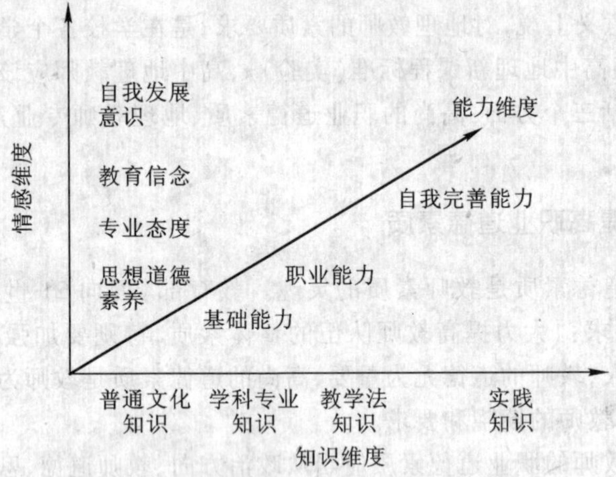

图 6-1 地理教师专业素养的三维度示意图①

扎实的地理学科专业知识是地理教师知识结构的核心。对于从事基础教育的高中地理教师来说,这里有三个层次。

第一层次是熟练掌握所授课程的专业基础知识体系,无论地球、地图知识,还是中国地理、世界地理或系统地理知识,熟练掌握其地理基本事实、地理基本原理及基本方法。

第二层次是掌握地理专业的主体知识,不受所授课程的隔离和限制,把握地理学科知识体系。地理学是一个涉及面相当广泛的学科,"地理系统"是一个"开放的复杂巨系统"。根据《中国大百科全书·地理学》中的地理学体系表,其中所包含的分支学科多达几十个,如图 6-2 所示。

对于高中地理教师来说,不可能对上述各个地理学分支都掌握,但是应当都有所了解,并对其中一部分必须要掌握,主要是地理学的基础知识。包括通论地理学(即部门地理学,包括自然地理学和人文地理学两大部分)和专论地理学(即区域地理学)的基础知识。也包括有关地球的基础知识。

有关地球的基础知识:这部分主要包括:地球的宇宙环境、地球的形状和大小、地球的运动及其地理意义、地理坐标、地球的圈层构造和表面的基本形态等。例如,太阳辐射能在地球表面的分布以及由此造成的地球表面的热量带、四季的更替、行星风系、世界各地时间差的存在等,要讲清楚这些问题,必须掌握有关地球的基础知识。

① 夏志芳. 地理课程与教学论. 浙江教育出版社,2003:411。

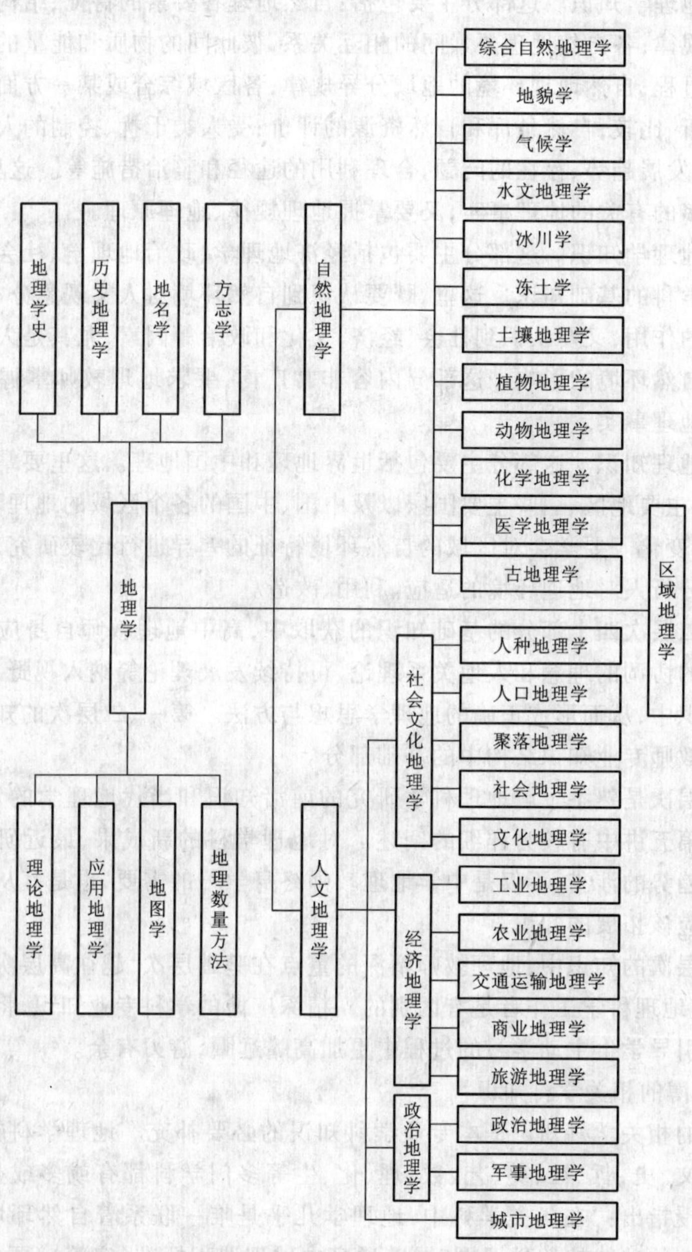

图6-2　地理学体系框架图①

① 林超,杨吾扬．中国大百科全书·地理学．中国大百科全书出版社,1990:5。

自然地理学知识。这部分主要包括：自然地理各要素的特征、结构、成因、动态和发展规律；各自然地理要素间的相互关系，彼此间的物质和能量的循环和转化的动态过程；自然地理环境的地域分异规律；各区域综合或某一方面自然地理特征的分析、比较，自然条件和自然资源的评价；受人类干扰、控制的人为环境的变化特点、发展趋势、存在的问题，合理利用的途径和整治措施等。这里，既要掌握尽可能多的有关的地理事实，又要掌握地理规律、地理原理。

人文地理学知识。这部分主要包括经济地理学、政治地理学、社会文化地理学等分支学科的基础知识。这里，既要认识到自然环境对人文现象分布、扩散和变化的制约作用，又要认识到社会、经济、文化和政治等因素，尤其是人类各种生产活动对自然环境的影响。这部分内容非常广博，要求地理教师掌握尽可能多的有关的地理事实。

区域地理知识。这部分主要包括世界地理和中国地理。这里要掌握世界各大洲、一些主要地区、一些主要国家以及中国、中国的各个区域的地理环境特征、结构、发展变化。要学会对区域的自然环境特征的差异进行比较研究，从因地制宜的角度分析人对地理环境的适应、利用、改造。

在第二层次四个部分的基础知识的获取中，高中地理教师自身应当注意将人与自然的协调的理念和人地关系理论、可持续发展理论等纳入视野，渗透在这些基础知识中，从而形成正确的地理学思想与方法。第一、二层次的知识都属于高中地理教师专业知识结构中的基础部分。

第三层次是熟悉了解地理科学研究的前沿知识和当代地理学的发展趋势。这部分在第五讲中有较为详细的阐述。对地理学科的新成果、最近研究动态和未来发展趋势的涉猎，不仅是中学地理教师终身学习的需要，也是其从事地理教育工作所应该拓展的知识。

三个层次的知识中，地理教师精深的重点在基础层次，越往高层次则以广博为要，这与地理科学工作者是有区别的。精深广博的学科专业知识，将使地理教师在成功引导学生主动学习的过程中更加高瞻远瞩，游刃有余。

2. 广博的相关学科知识

广博的相关学科知识是本专业学科知识的必要补充。地理学科亦文亦理，对政、经、文、史、哲、社、美、艺、数、理、化、生等多门学科都有或多或少的涉及。牛文元教授指出："在各类学科中，地理学几乎是唯一联系着自然环境，又联系着社会经济的独特的学科。"同时《普通高中地理课程标准（实验）》要求"建立富有多样性、选择性的高中地理课程，满足学生探索自然奥秘、认识社会生活环境、掌握现代地理科学技术方法等不同的学习需要。"因此，对地理教师来说，更应该具备宽泛的文化知识，特别是那些与地理学相关的其他学科的知识，满足每个学生多方面的探究兴趣和多方面发展的需要，帮助学生了解丰富多彩的客观世界。

例如，在讲到太阳系八大行星运动时，必然涉及物理学中的开普勒行星运动三大定律，同时涉及物理知识的还有地球自转偏向力、气压梯度力与风向（涉及力和运动的合成与分解）；黄赤交角、太阳高度角的计算等知识会涉及某些数学计算知识；历史上所记载的一些史实，如甲骨文中关于流星雨的记载、《春秋》中关于哈雷彗星等天文现象的记事、《徐霞客游记》中有关地学知识的记载等都为地理教师的知识讲解提供素材；一些社会科学知识，如对1992年联合国环境与发展大会通过的《里约宣言》、《21世纪议程》以及中国1994年通过的《中国21世纪议程》的了解，对我国有关环境保护和资源开发利用等法律法规的了解都将有助于地理教师在讲授环境保护、可持续发展等内容时讲得更加生动，从而吸引并提高学生对地理知识的学习兴趣。

3. 宽厚的教育科学知识

宽厚的教育科学知识是地理教师在掌握地理科学知识的基础上，进一步掌握教育规律和教学法知识，帮助教师完成教书育人的任务。具体包括教育学、心理学、教育管理学、教育经济学、教育社会学、教育技术学、教育科研方法等在内的教育科学体系。为了顺应当前教育改革的新趋势、适应复杂的社会要求、把握多样的学生情况，高中地理教育要求地理教师必须掌握教育科学的先进理论和方法，密切关注这方面的新进展、新探索和新成果，并注意将其应用于地理课程、教材、教法的实践当中。

4. 实践知识

实践知识是教师在教学实践过程中把自己已经具有的学科专业知识与课堂教学结合而形成的一种与行动相关的知识。这种知识靠教师在教学实践中不断积累经验。

（二）能力素质

在高中地理教师的能力素质这个维度上，包括基础能力、职业能力和自我完善能力。基础能力是指作为教师所必须具备的起码的能力素质，无论是地理教师还是其他学科的教师都应该具备。它要求教师具有敏捷的和富有创造性的思维能力；掌握一定的与时代同步的信息技术能力；有良好的语言表达、形体表达，对地理教师来说还包括运用图像表达的能力；较为高雅的欣赏美和创造美的能力，等等。在特定学科教学工作的专业素养中，职业能力是主体，包括教学设计能力、组织教学能力、教学技术运用能力、教学评价能力等。自我完善能力是教师不断提高自身专业水平，在实践中使自己的工作紧跟时代发展并富有创造性的重要保证，它要求教师具备较强的自学能力，随时接受新鲜事物和新的信息，不断“自我更新”，实现教师的专业化发展；要求教师锻炼一定的教育科研能力，善于发现问题、思考问题、探究问题的规律、开展实验、调查统计、撰写论文，等等，这对于教师自身执教素质的提高非常有益，同时也为新的课程改革所倡导的研究性学习的开展提供了师资保障；要求教师保持经常的自我反思习惯和能力，在自我的“否定和肯定”中对思维定式突破、培育新的教育思路，调整教育方向，提高教育的质量。在此，重点分析一下地理教师的职业能力和教育科研能力。

1. 教学设计能力

地理教学过程是通过地理的认知活动，使学生得到发展的一种教育活动，学生可以反馈教学效果，所以地理教学过程是一个可以控制的过程，它要求地理教师要重视并具备良好的教学设计能力。就地理学科而言，地理教师首先要充分认识地理教学过程的特点：“以正确阐明人地关系、可持续发展理论为地理教学之灵魂；以地图为地理教学的第二语言；以建立地理空间概念为地理教学之先导；以培养学生的创新精神与实践能力为地理教学之最高境界”①。要求教师明确学生学什么、应达到什么要求；分析教材，重新组织教材内容；制订教学策略，采取最有效的教学形式、教学方法和教学媒体，设计教学程序。这几个环节是相互联系和制约的教学计划和操作程序。要做好地理教学工作，提高教学质量，就必须对每一堂课进行教学设计，逐步形成最优的方案，让学生开放思维空间、积极思考问题，主动、创造性地参与到课堂中。在教学过程中，可以根据教学要求，选择运用黑板、模型、图片、幻灯、音像设备、计算机等地理教学媒体，加强课堂的表现力，增强学生对地理事物和现象的感性认识。

2. 组织教学能力

组织教学能力是教师能力的主体。地理教师的组织教学能力包括课堂教学组织能力和课外活动组织能力。在组织教学的过程中，将育人融贯其中。在课堂上，地理教师必须面对课堂的组织与管理问题，研究如何调动学生学习的积极性，激发学生的求知欲，同时还应当具备调控课堂的节奏和处理突发情况的能力；在课内外，地理教师还要根据学生的年龄特征和认知水平，运用丰富的教育素材和资源，有效地开辟地理第二课堂。通过第二课堂使学生得到体验，向学生有效地传递地理意识和地理情感，将正确的资源环境观念、可持续发展观念、人地协调的观念等由感性上升到理性，逐渐内化为学生的意志品质，最后转化为他们的行为实践。

需要注意的是，在新课程改革的背景下，地理教师组织教学的能力除了应该符合备课、上课、练习、辅导、测评的常规要求外，改革的重点要求放在如何使“组织教”走向“组织学”。传统的以“我怎么教”为中心的方案设计已经落伍于

① 夏志芳. 地理课程与教学论. 浙江教育出版社，2003：421。

时代的要求。《普通高中地理课程标准(实验)》重视对地理问题的探究,“倡导自主学习、合作学习和探究学习,开展地理观测、地理考察、地理实验、地理调查和地理专题研究等实践活动”。为将这一理念贯穿中学地理课程学习,应当改变学生“被要求学”的学习状态。“学校最重要的任务是让学生学习怎样学习和学习怎样思考。提倡把趣味性归还给学习过程,提倡给学生创造最佳的学习状态、积极的学习气氛。”①所以,高中地理教师应当探索的是如何激发学生“我想学”,诱导学生“我要学”,鼓励学生“我会学”,评价学生“我能学”。让学生进入“我想学”、“我要学”、“我会学”、“我能学”的积极状态并取得效果。② 这样的组织能力才是优秀的组织能力。

3. 教学技术运用能力

随着新技术的发展,教育技术手段日益现代化,“一支笔、一张纸、一本书、一块黑板”的传统教学手段已经不能适应信息社会的要求,对于以表象性为其特征之一的地理教学尤其重要。在地理教学中引入现代化多媒体等信息技术比其他学科有更大的必要性,无论在建立地理的空间概念、揭示地理事物的演变规律等方面,还是在展示地理景观方面都比传统的教学手段更好,应用也更广泛。比如,应用信息技术创设诸如天体运动、地球运动、特殊的天文现象、大气运动、水循环、区域生产力布局等模拟情景,只需少许演示,即可取得事半功倍的效果。因此,现代教育技术参与教学已经成为地理教学改革的必然趋势。在这方面,教师一是要充分利用、开发多媒体教学课件,可以将有关音像资料、图片、地理统计图表甚至利用有关软件设计的动画引入教学课件,有利于引导学生观察、分析、认识其中的规律和有关的地理原理。二是教师除了要掌握常规的教学技术,还应当尽量掌握教育网络信息运用技术,培育自身娴熟的上机、上网处理信息、数据和结果演示、模拟技能,从海量的科学数据中筛选出有价值的信息,形成教学或自己科研的素材。除此之外,地理教师对当代地理学发展前沿领域中的信息技术,比如3S技术等(GIS、GPS、RS)也非常有必要去了解,有条件的可以深入学习甚至应用。

4. 教育科研能力

(1) 为什么强调地理教师要参与教育科研

教师的工作对象是成长中的人,工作工具是科学知识,无论从哪个要素来讲,都是在不断发展和变化之中的。人在发展变化,科学知识也在发展变化,发展变化得越快,对教育的要求就越高,进行教育科研就不再是少数研究者的专项工作,而是扩大到成为众多教育工作者从事教育工作不可缺少的手段。教师应

① 戈登·德莱顿,珍妮特·沃斯. 学习的革命. 上海三联书店,1997:2。

② 袁书琪. 地理教育学. 高等教育出版社,2001:240。

该成为“研究型”教师，这已经是时代对教师职业的新的定位。之所以要强调高中地理教师要参与教育科研，提高教育科研能力，有以下三个方面的原因：

第一，地理学科发展日新月异。虽然高中地理教师并不是一线的地理科学工作者，但是地理教师所从事的传授知识这一职业的特殊性要求地理教师在专业知识领域能够紧跟学科发展的步伐，对知识不断更新和梳理，力求传授给学生的都是正确的、先进的、符合时代特点的知识。整个学科在发展，有些知识被继续认可，有的知识也有可能在原有的基础上被发展了甚至是纠正了。我们很难想象，一个不能坚持钻研了解地理科学前沿理论和发展趋势的地理教师，还死守在那些陈旧甚至是已经被纠正的错误的知识堆里，能否构建出具有时代性和基础性的高中地理课程。

第二，教育改革得以落实的保障。我国从 20 世纪后期开始，掀起了一波又一波的教育改革浪潮，而当下我国正在实施的新课程改革是历次教育改革中力度最大的一次。地理学科的课程标准与过去的地理教学大纲相比较，在理念、课程目标、课程结构包括地理教材上都有很大的不同。面对这样全国性的深刻的变革，还是墨守成规的地理教师必然最终会因为不能适应新课程的标准而被淘汰。有人说，教育改革的成功与否关键在教师，这种说法有一定的道理。我们要求地理教师在这样的形势下，对于新课程新标准不是一般简单的了解和学习，而是要进行研究性的学习，对比研究新课程标准与过去的地理教学大纲、新的地理教材与过去使用过的地理教材，从而深刻认识到改革的真谛，探索出在新课程改革背景下新的教学思路、教学方法、教学重点。只有地理教师积极行动起来，才能将本次课程改革真正落到实处，作为教师个人也才能走在教育改革的前列。

第三，是提高教学质量的必由之路。地理教育质量从何而来？答案只有一个，向地理教育科研要质量。地理学本身并不是一门晦涩难懂、枯燥乏味的学科，相反它与我们的生活紧密联系，丰富而有趣。关键是我们地理教师自己不要打退堂鼓，要勇于从地理教育科研做起，进行深入的调查和研究，分析学生学习地理的动机和兴趣，改变教学方法，使学生热爱地理学科，喜欢上地理课，从而使地理教学质量得到提高。

(2) 地理教师如何形成教育科研能力

第一，保持较强的教育科研意识，坚持进行地理教育科研活动。首先，地理教师应有强烈的教育科研意识，在对自己的定位上不能仅仅放在“教书匠”的角色上，要主动坚持参与地理教育科研活动。万事开头难，教育科研能力的形成与提升是一个渐进的、发展的过程，不能急于求成。为此，一般来讲，地理教师在进行地理教育科研的时候，要遵循：(1) 通过研究要解决的问题由简单到复杂，由具体到一般。作为一线教师要首先关注身边的问题，从身边要解决的问题研究起。(2) 完成一个研究课题所需要的时间,从需要较短的时间到需要较长的时间。(3) 科研方法的选择从经验总结方法再到其他的方法。①

第二,地理科研选择正确的方法。很多地理教师也想做些科研,但是苦于不懂方法,无处下手。"科研无定法",如果时间允许,也可以自己探索。关于地理教育科研的方法,不少地理教育专家经过长期研究,已经提供了多种方法,比如地理教学经验总结法、地理教育实验研究法(又分为地理教育横向实验研究法和地理教育纵向实验研究法)、观察研究法、调查研究法,等等。地理教师可以通过学习了解这些方法,根据自己的研究课题特点选用合适的方法。

第三,注意在实践中积累知识。中学地理教师可以进行教育科研的课题很多,课程、教材、教法、学法、教学技术、教学环境、教师、学生,等等。这些课题的研究和完成不仅需要理论知识,也需要实践中的素材。所以进行教育科研,既要注意学习理论又必须参加实践,争取在实践中完成大量知识的积累,为教育科研准备丰富的知识储备。包括三个方面的知识:(1) 地理学和相关的学科理论。除了学习地理学本专业的知识和理论外,进行地理教育科研还会涉及诸如教育学、心理学、教学论等多方面的知识和理论。作为地理教师应该了解并钻研这些理论,为后来进行科研打下扎实的理论基础。(2) 在教书育人工作的第一线上不断总结和反思,积累地理教育的素材。地理教师在第一线工作的经验、经历等各种各样的第一手材料都是进行地理教育科研最珍贵的资料素材。教师要在平常的工作中注意形成、收集这些素材,在整理的过程中对教育过程中出现的各种情况熟悉并在此过程中发现问题。这些问题往往是地理教师进行地理教育科研非常好的命题。(3) 学习已经有的研究成果。一线教师、教育专家都在进行教育科研,而且已经取得了令人瞩目的研究成果。对这些研究成果,地理教师要注意学习钻研。这样做,可以学习别人的研究策略,逐步学会研究;同时也能在汲取他人研究成果的基础上进行再思考,再探究,这是一条捷径,当然也有一定难度。

(三) 情感维度

包括良好的思想道德素养,求真求精的专业态度,正确、坚定的教育信念和积极主动的自我发展意识。这些都是在教师的从教的过程中逐步完善而获得的。作为一种内在驱动力,推动教师对所从事的事业兢兢业业、专心致志。它是教师爱岗敬业的体现。

三、健康的身心素质

身心素质包含两层含义:一是身体素质,二是心理素质。健康的身体素质是

① 夏志芳. 地理课程与教学论. 浙江教育出版社,2003:429。

从事任何工作的前提条件,而地理教师还需要带领学生广泛地接触自然,进行野外考察,接触社会,更要求有一个良好的身体素质,适应比较艰苦的工作与生活条件。健康的心理素质的表现是:发自内心地热爱自己的工作,具有饱满的教学热情、稳定的情绪、乐观向上的人生态度和敏锐的思维,善于调节自身心态,有自控和应变能力,有良好的人际关系。

尤其是在新课程改革的形势下,给地理教师提出了更高的要求。教师要提高自己的心理承受能力,不断培育并调节自身良好的心理品质,面对改革浪潮,不是惧怕问题而是勇于挑战问题,大胆实践,不怕挫折,探索出好的教育方法和途径。

资源链接

[1] 夏志芳. 地理课程与教学论. 杭州:浙江教育出版社,2003.

[2] 袁书琪. 地理教育学. 北京:高等教育出版社,2001.

[3] 新课程实施过程中培训问题研究课题组. 新课程与教师角色转变. 北京:教育科学出版社,2001.

[4] 教育部师范教育司. 教师专业化的理论与实践. 北京:人民教育出版社,2003.

[5] 王民. 国外两次大的地理教育改革运动. 中学地理教学参考,2003,(3).

[6] 钟启泉. "教师专业化"的误区及其批判. 教育发展研究,2003.(Z1).

[7] 王军. 从建构新的地理课堂教学模式看教师素质的再提高. 中学地理教学参考,2001,(12).

教学反思

【反思文章】

论新课程实施背景下教师学习观的转变①

一、转变学习观的背景依据

我国当前进行的地理新课程改革,对地理教育的价值进行了重新思考和定位,提出了地理新课程的六个基本理念:学习生活中有用的地理;学习对终身发

① 文章来源:《邢台学院学报》2004 年第 19 卷第 1 期。作者:韩梅,邢台市第一中学。

展有用的地理；改变地理学习方式；构建开放式的地理课程；构建基于现代信息技术的地理课程；建立学习结果与学习过程并重的评价机制。这些新理念的提出，为中学地理教育的改革指明了方向，同时对新课程的实施者——教师的素质提出了更高的要求。当课程由专制走向民主；由封闭走向开放；由关注知识到关注人，教师的角色定位也就随之发生了根本性的改变。教师不再是单向的知识的灌输者，而是学生学习能力的培养者，师生积极互动、共同发展的合作者。教师不再是以课本和教参为纲的教书匠，而是教育教学的研究者，新课程的开发者和建设者。

在实际教学中我们发现："储存一桶水，够用一辈子"传统的学习观已严重滞后于教育改革和发展的需要。许多教师面对新课程带来的观念、知识、方法上的新变化，常常会感到力不从心，无所适从。观念上的陈旧、知识结构上的不完善，能力上的欠缺，成为束缚教师驾驭新课程的"瓶颈"。要突破这一"瓶颈"，关键在于教师学习观的转变。首先，要树立终身学习的观念，认识到教师是一个"以专业眼光赋予学习者和学习以价值的人"（霍钦斯语）。因此，教师应该始终是一个持续的学习者。学习是教师专业发展的需要，也是体现教师职业的内在尊严，充实个人精神生活的需要。其次，要掌握科学的学习方法，学会学习，学会享受学习。教师要指导学生主动地、富有个性地学习，使学生掌握自主、探索、合作的学习方式，自己首先就要学会学习，拥有自主学习、自我发展的能力，成为能够不断进行自我更新、自我超越，充满生机和活力的"一眼泉"——学习型教师。在持续的学习中，主动去接受新观念，掌握新信息，研究新问题，探索新途径，成为教育改革与创新广阔舞台上成功的"舞者"。

二、成为"学习型"地理教师的行动策略

1. 学习地理专业及相关学科的最新信息和研究成果，重建知识体系，拓宽学术视野，不断开发新的课程资源，构建开放式的地理课程

地理学是研究地球表面地理环境的结构分布及其发展变化的规律性以及人地关系的学科，涉及面很广，与资源、人口、环境、经济、政治、军事、历史等多个学科互有交叉，与人类社会的发展和进步息息相关。地理教师要时刻关注地理及相关专业发展的新动向，新信息。例如，国土整治中的水土流失、荒漠化问题，跨区域资源调配问题，3R（RS、GIS、GPS）技术在地理学中的运用，"神舟"五号飞船首次载人航天飞行等，并以这些信息为基础，不断开发贴近时代，贴近学生生活新的课程资源，使学生通过地理课的学习更加关心社会，关心我们的生存环境，关心人类的发展，学习到生活中有用的，对终身发展有用的地理知识。

2. 学习和运用教育学和心理学的研究成果，改变地理学习方式

改变学生原有的单一、被动的学习方式，建立和形成旨在充分调动、发挥学

生主体性的多样化的学习方式，促进学生在教师指导下主动地、富有个性地学习，是地理教育改革的核心任务。在新课程的实施中教师不仅要有崭新的教育观念，还要掌握科学有效的教学方法，具有"引导者"和"促进者"的胜任力。能够帮助学生搜集、利用学习资源；帮助学生设计恰当的学习活动和形成有效的学习方式；帮助学生营造和维持学习过程中积极的心理氛围；帮助学生对学习过程和结果进行评价，并促进评价的内在化等。

所有这些都要求教师在教学实践中要不断地进行学习、探索和反思，掌握教育学、教育心理学的基本原理，洞悉教育教学发展的潮流和趋势，了解国内外各种有价值的教育思想和教学模式，如结构主义与发现教学模式、范例教学理论与模式、暗示教学法、自学辅导法、教学过程最优化理论等，在实际的地理教学活动中，能够因教制宜，针对地理教学的不同情况，完成好适宜教学方法与地理学科的整合，充分发挥学生自主学习、自主发展的积极性，达到最佳的学习效果。

3. 学习和运用现代信息技术手段，促进现代信息技术与地理课程的整合，为自身和学生的发展提供有力的学习工具

以个人电脑、网络技术和多媒体技术为主要内容的现代信息技术，为教师的教学方式和学生学习方式的变革提供了新的物质基础。地理学科所具有的空间性、综合性和学科交叉性的特点，决定了现代教学手段必将在地理教学中发挥越来越大的作用。学习和运用现代教育技术应当成为地理教师必须掌握的基本技能。教师运用计算机及网络收集、处理和创新信息，进行备课和课件设计，不仅仅是为学生的学习和发展提供丰富多彩的教育环境和有力的学习工具，同时也是教师更新教育观念，完善知识结构，提升教学能力的重要途径。

教师要学会基于网络环境的学习，学会识别、提炼信息资料的有效性、准确性和真实性；学会利用信息交流平台进行协商讨论和交流；学会充分利用网络资源并将网络资源与地理教学内容进行整合。

基于网络的学习，为教师的终身学习提供了广阔的平台，具有超强的广度、深度和时效性，在教师的成长中必将发挥越来越重要的作用。

4. 在互动教学中向学生学习，在团队合作中向同行学习

新课程强调，教学是教与学的交往、互动，是师生双方相互交流、相互沟通、相互启发、相互补充，在这个过程中，师生分享彼此的思考、经验和知识，交流彼此的情感、体验与观念，形成一个"学习共同体"，真正实现教学相长和共同发展。因此，教师不应再沉湎于"师者即权威即真理化身"的传统观念，要学会倾听，学会分享，学会在师生互动中，不断采撷闪亮的珍珠，充实自身的资源宝库，海纳百川，吐故纳新，师生互相学习，两代人共同成长。

在教育教学过程中，教师除了面对学生外，还要与周围其他教师发生联系，

“单枪匹马”式的工作方式已不能适应新课程对教师素质的要求，在团队中重视合作意识的培养和合作能力的提升是现代教师应具有的品质。团队中的合作学习是教师一种重要的学习方式。教师在教育教学实践中积累起来的具有个性的经验、思想及感悟，是教师合作学习的基础性资源。如果说前几种学习方式侧重的是书本的、理论的学习，那么师生互动，团队合作学习更强调的是实践的、行动的、经验的学习。教师在学校的教研活动中要注意发挥自己的主观能动性，积极合作，彼此信任，发挥集体智慧的优势，通过“头脑风暴”、行动研究、案例分析、教学反思、集体备课等学习方式，在合作沟通中学习汲取其他教师优秀的教研成果和成功的教学经验，不断突破自己的能力上限，培养全新、前瞻而开阔的思维方式，促进自身的专业成长。

终身学习成为“学习型”教师不是一句空话，学习应当成为教师个人教职生涯的第一要务，要自觉地将学习融入我们的工作中，扎根于我们的生活中，只有做到了与时俱进，才能不断地创新和超越自我，主动适应教育教学的变革，使整个教育教学活动更加鲜活，更富有生命力。

【反思探究】

本文基于地理新课程改革的背景下，论述中学地理教师应当加强学习和转变学习观念。指出“储存一桶水，够用一辈子”传统的学习观已严重滞后于教育改革和发展的需要，地理教师一定要树立终身学习的理念，拥有自主学习、自我发展的能力，成为能够不断进行自我更新，充满生机和活力的学习型教师。这既是新课程实施的保障，同时也是满足地理教师自身成长的需要。

在新课程改革的形势下，进行这样的思考是非常有益的，同时也很有必要。新课程给地理教师提出了更高的要求，教师的素质尤其是业务素质必须进行追加。地理新课程与以往地理教学大纲有较大的不同，在实施理念、课程目标和要求上也跨了一大步，对此中学地理教师必须进行深入的研究比较，并在自身的知识结构、教学能力素养等各个方面做好应对。这些过程的完成就是需要地理教师履行一个学习的过程，包括对学习活动本身的学习，即学习观的转变。

但是需要指出的是，地理教师的学习最终应当服务于地理教育。毕竟地理教师不同于地理科学工作者，有特殊的工作对象和任务，教师的学习既可以在教育教学中实现，也要回归到教育教学中来。

第7讲
地理教学中学生创新能力的培养

思考研讨

1. 在教学中培养学生创新能力的方法。

2. 培养学生的创新能力，提倡营造一种活跃的课堂气氛，敢于对老师说“不”，这与形成严格的课堂纪律是否矛盾？

3. 传统的应试教育主要注重学生分数的提高，中学的领导也主要看重学生的分数，而在中学的教学改革实践中，培养学生的创新能力，到底是否对学生分数的提高有所帮助？或者反而不利于学生分数的提高？

理论概述

一、创新与创新能力的概念

美籍奥地利经济学家熊比特首次从经济学领域提出创新理论，他认为世界是发展的，其发展的动力是创新，创新是不断以新组合取代旧组合的变化过程，而且是一个不断变化的过程。创新包含两个方面：一是经验知识的创新，如发明新技术、新工艺和新产品；二是理论化知识的创新，如创新的理论。无论是哪一种创新，其中最重要的都是对创新能力的培养。创新是人类社会发展与进步的永恒主题。

创新能力不仅是对知识的摄取、改组和运用及对新思想、新技术的发明，而且是一种追求创新的意识和发现问题、积极探求的心理取向，是一种善于把握机会的敏锐性和积极改变自己并改变环境的应变能力。总之，创新能力更是一种人格待征、精神风貌和综合素质。“处处是创造之地，时时是创造之时，人人是创造之人”，这意味着每个人都有创造的潜能，每一学科都能训练学生的创新能力。

二、创新思维是创新能力的核心

创新依赖于创新者本身的创新能力。创新能力是人类创造性地发现、提出、分析和解决问题的能力，是人产生新思维、创造新事物的能力。而创新思维的能力又是创新能力的精髓和核心。没有思维中的创新，就没有实践中的创新。迄今为止，人类所创造的一切物质文明和精神文明都无不闪耀着逻辑思维和非逻辑思维的光泽。人类社会的一切文明建设，既是逻辑思维的结局，又是非逻辑思维的创新成果。

创新思维是一个复杂的系统过程。它是人类发挥自主创新能力，以超越常规的眼光，从特异的角度观察思考问题，提出与众不同且又能经得起检验的全新观点、全新思路、全新方案和解决问题的思维方式。在人的思维过程中逻辑思维和非逻辑思维因素交织在一起，相互作用和补充，共同形成对事物的认识。

逻辑性思维包括普通逻辑思维、辩证逻辑思维和现代逻辑思维等。它是一种遵循形式逻辑和辩证逻辑的规律，运用比较、分类、分析、综合等逻辑方法，借助概念、判断、推理等思维形式，去揭示和把握认识对象的本质或规律的思维过程。换句话说，即按照逻辑的要求，它是从已知推出新知的认识过程。这种逻辑性思维是人类特有的，且被认为是万物之灵的根本性标志。

非逻辑思维是逻辑思维中不包含而又在创新思维过程中发生作用的各种非逻辑因素产生作用的过程。例如，在人们思维的过程中除了概念、判断、推理等逻辑因素在起作用以外，直觉、灵感思维以及想象、联想、猜测、情趣、美感等因素也起着重要的作用。

传统的观念总认为创新思维似乎是非逻辑思维的“专利”，与逻辑思维无缘。然而事实上，创新思维既需要非逻辑思维的辅助，又需要逻辑思维的推动，两者是缺一不可的。在创新思维中，逻辑与非逻辑思维是辩证统一的。我国著名科学家钱学森曾经提出：“思维科学的基础科学是研究人有意识的思维的规律的科学。胡思乱想不在思维学之中，又因为这种有意识的思维除抽象逻辑思维外，还有形象思维，灵感思维”。可以看出，钱学森把逻辑性思维和直觉、形象和灵感思维区别开来。这样对思维的理解既有利于人们从以为只有逻辑性思维才是思维的误区中解放出来。同时，又在人们面前展现丰富的思维范式和图景，以发挥更多的思维方法的各自不可替代的作用。让人们明白一个道理，逻辑性思维作为最基本的思维能力，应该承认它是其他思维（包括创新思维）的基础，只有在熟练掌握了逻辑思维技术的基础上，才能够充分发挥其他各种非逻辑思维的作用，从而促进各种思维方式共生共进。

三、创新思维的过程

就目前的研究来讲,大部分学者认为创新思维过程要经历以下 3 个阶段:

1. 准备阶段

创新思维的准备阶段是发现问题,提出问题,围绕问题搜集各种有关资料的过程。在这一阶段中,人们主要是发挥左脑的语言和逻辑思维功能,分析资料,确立研究工作的出发点,人们的思维主要是呈现意识状态。因此在这一阶段,逻辑思维占主导地位,同时也辅助部分非逻辑思维。

发现问题是创新的起点,任何一个学者如果对已有的理论和研究成果只是一味地全盘接受,而不能发现其中的局限性,那么他的认识就只能停留在这个已有的水平上了。如何发现已有或现有的科学理论的不足呢?方法和手段是可以多种多样的,然而普通逻辑的矛盾律是发现问题的一个非常有利的工具。

在逻辑思维中的类比推理对问题的发现也起着重要的作用。研究者的灵感捕捉到思想的火花之后,还需要迅速将其转移到未知的课题中去,从而引起解题的顿悟,即突破。要使思想火花转移,那就需要借助逻辑思维中的类比推理、归纳推理等这些"桥梁"。类比推理是一种类似联想或说包含着有关联想成分的推理形式。这种推理形式,依据事物间的相似或同构性,由对一件事物的感知而推想到对另一类事物的感知,类比推理不同于演绎推理的地方就在于它不需要以某个共同概念为中介,而是直接在两个或两类没有共同概念或事物的相似点上建立自己的推导关系。由类比或联系而引起思想火花的突现。科学史上很多著名的发现都是借助类比推理而获得的。例如,著名的地质科学家李四光曾经考察在中亚、西亚的地质结构史中的一种生成石油的地质结构(即这种地质结构与蕴藏石油有必然联系),由此把我国东北松辽平原的地质结构与中亚、西亚的地质结构相类比,推出我国东北松辽平原也蕴藏着大量石油。如果李四光只是一味地获取信息,而没有将已有的信息用类比推理的方法去分析问题的话,那么松辽平原是否蕴藏丰富的石油至今仍是个未知数。

由此可见,逻辑思维能发现并排除某种理论中的缺陷,可以使谬误转化为真理,进而还能取得突破性的进展。当然,灵感和直觉有时也是发现问题的突破方法。在科学史上,人们有时并不是先掌握了全部事实材料而后再进行逻辑推理,最后得出所需的正确结论的,而是根据一些少量甚至是一个偶然事实的启发,通过大胆的想象、联想,实现了对某些复杂问题的顿悟。比如牛顿从苹果落地突发灵感联想到地球引力问题;瓦特看到水壶盖被水蒸气冲开突然联想到蒸汽的作用,从而发明了蒸汽机;阿基米得在浴盆里洗澡顿悟到浮力定律;门捷列夫在将上火车之际,突发奇想,发现了元素周期律,等等。由此可见,创新思维准备阶段的主要思维活动是逻辑思维和非逻辑思维共同作用的过程。

2. 孕育阶段和豁朗阶段

创新思维的孕育阶段即根据已有理论整理和分析所搜集的资料对问题作试探性解决。豁朗阶段是创新思维的关键阶段,创新思维在孕育阶段酝酿成熟的基础上,突发灵感,产生直觉,顿悟到解决问题的方案。这两个阶段需要充分发挥右脑的直觉、灵感和想象等非逻辑思维功能,以产生新思想、新观念。与准备阶段不同,在这个阶段思维主要呈潜意识状态。当研究者确定一个新颖的课题之后,在寻找解决问题的最佳方案时,总是在绞尽脑汁、冥思苦想中捕捉思维的火花,这时思维主体的思维状态是自由随性而又杂乱无章的,这些无序的思维在某个关节点上会突然迸发出许多绚丽的火花。这些火花就是非逻辑中的直觉、灵感或幻想。这种瞬间的领悟是思维程序的高度浓缩,是神经思路的新组合,是未经渐进的精细推论而越过了无数中间环节将答案呈现在眼前。

在现实的生活中,我们几乎都有过这样的体验:当遇到难题经过了长期的冥思苦想的探索之后,思维活动达到了临界状态。在此状态下,逻辑思维找不到答案,却因外界刺激或受启发,或因发散思维的联想,使研究者潜在的灵感在顷刻之间爆发出来,利用非逻辑思维穿越了思维的临界状态,在关节点上引起了质的飞跃,百思不得其解的问题最终出现了惊人的转机。然而,直觉和灵感等非逻辑的产生并非空中楼阁,也不是无源之水,无本之木,"灵感只垂青于有准备的大脑",它们的产生不能脱离概念、判断、推理等逻辑思维活动。相反,它们是非常实际的,必须以一定的逻辑思维活动为基础。人们经过长期紧张的理性思考,寻找某一问题的答案,但仍不得其解。实际上,思维此时处于高度集中和兴奋的状态。正是这种理性思维的积极运作给灵感的出现提供了可能性。换言之,此时出现的某种偶发性事件或现象往往会成为思维受到启发的契机,使研究者豁然开朗,顿然醒悟,一下子抓住事物的症结,寻找到解决问题的最佳答案。

正如著名的数学家彭加莱所说:"出其不意的灵感只是经过了一些日子,仿佛是无效的有意识的努力之后才会产生的。在做出这些努力的时候,你往往以为没有做出任何有益的事情,似乎觉得选择了完全错误的道路。其实恰恰相反,这些原以为是无益的徒劳往往推动了无意识机器,没有它们,机器不会开动,也不会产生出任何东西来"。由此可见,在创新思维的孕育和豁朗阶段,思维过程既不是单纯的按思维程序循序渐进的过程,也不是单纯的无逻辑或非逻辑的飞跃、突变的过程。而是逻辑的循序渐进的过程与跳跃式的过程的有机统一。逻辑性思维与非逻辑性思维在创新中相互作用,相互补充,共同建构了人的完整的辩证思维。但是,非逻辑思维的创新特征在这一阶段较为突出,它在创新过程中的突发性、模糊性、独创性等特征,是理性的逻辑创新所不具备的。

3. 验证阶段

在前一阶段通过直觉、灵感或联想所产生的结论和新概念还需要作逻辑的分析、论证。因为直觉、灵感和联想是没有清晰的逻辑思路。如果对一个新思想,没有做出逻辑上的解释和验证的话,人们就不会那么容易相信和接受它。因此,随之而来的便是利用逻辑思维方法对结论进行分析、加工、整理。只有把直觉、灵感、联想的结论和新概念进行逻辑加工才能使它成为一个论证严密的科学观点和理论。创新思维的第三个阶段主要就是运用逻辑方法和实验手段,对所具有的成果进行了严格检验和证实,以辨明真伪并使之更加完善。实验方法是检验认识真理的一种行之有效的思维工具,因为实验是一种有目的、有计划的探索活动,在整个试验过程中,都受着理性思维的指引。

著名的质(量)能(量)关系式"$E=MC^2$"是爱因斯坦狭义相对论的重要推导。当时质量和能量的关系引起了许多科学家的非议,他们认为这一推导关系是不可能成立的,甚至把爱因斯坦当成是一个"疯子"。但是,最终却通过裂变反应的实验证明了质能关系式的科学性。可见,在验证阶段更多的是借助逻辑理性思维来有效地加以论证的。

从上述创新思维发生过程三个阶段的讨论中,我们可以清楚地看到在形成新理论、获得新知识的创新思维过程中,并非是单纯的逻辑、无逻辑和非逻辑思维的过程。创新思维并不排斥逻辑思维,并且还要以逻辑思维作为自己的前提。在进行逻辑思维的时候,常常又以非逻辑思维来做自己的补充。因为现实事物非常复杂,如果仅仅根据某种逻辑程序打开科学迷宫的大门是远远不够的。因此,按部就班的格式化的逻辑思维,需要在不受约束的时间空间范围里借助灵活的思维方式渗入任何一种思维的过程,并往往在关键时刻,帮助短路的逻辑思维重新接通,促成创新思维质的飞跃。可见创新思维的整个过程就是逻辑思维和非逻辑思维交互作用的过程。它们是同一思维过程中的相辅相成的方面,从而成为思维创新的推动力。

四、地理教学中创新能力的培养

地理学科是一门综合性很强的学科。地理亦文亦理,涉及自然科学与人文社会诸多方面的知识,具有综合性、实践性和时代性,能激起学生质疑、探究、想象和创造的欲望。在地理教学中培养学生的创新能力,具有独特的优势条件。因此,只要努力用科学的方法激发学生的创新意识,启迪学生的创新思维,培养学生的创新能力,就不仅能发展学生的地理才能,而且能养成学生超越自我、大胆解决地理问题、勇于创新的品格,进而培养学生的创新能力。在地理教学中,培养和提高学生的创新能力主要可以从以下几方面入手:

1. 激发创新意识,鼓励学生敢于说"不"

创新意识是人们进行创造性活动的出发点和内在动力,是形成创新能力的起点。激发创新意识主要从以下两个方面来考虑:

(1) 营造一个和谐民主的课堂气氛,鼓励学生创新和想象

在课堂教学中,教师要以学生为主体,从灌输知识转变为引导学生思考,鼓励学生探索与创新,培养学生的发散思维。创设民主、平等、自由、和谐的教学气氛,形成一个无拘无束的思维空间,让学生以一种轻松愉快的心态,积极思维,驰骋想象,敢于标新立异,打破陈规,怀疑一切。为此,教师要在相信学生具有创造潜力的基础上,充分调动学生的思维与想象。

例如,在课堂教学中适当允许学生随时举手提出问题,迸出思想的火花;允许学生和老师争论。在课堂上老师可以经常问:"你是怎么想的呢?""你认为呢?""你的观点呢?""你们的看法呢?""还有什么不同的想法吗?""再想想看"等等。鼓励和激发学生自由地表达自己的观点。一旦学生成功,要及时赞扬和鼓励,让学生体验创新成功的喜悦。可以经常予以这样的肯定:"真不错!""很有创意!""你们真聪明!""你们的想法真是太妙了!"及时、热情地赞扬学生的新观点。即使学生回答得不成功,也不要轻易否定,而应该给以鼓励,以免挫伤学生的自尊心、自信心和积极性。尤其当学生对某些地理问题和地理观点有异议时,教师不要马上给予肯定和否定,而要与学生互相切磋,共同探讨,求得正确的结论。

(2) 精心设计问题,激发学生的求知欲望,培养学生的认识兴趣

《普通高中地理课程标准(实验)》要求,地理教学要激发学生对地理问题的兴趣,培养地理学习能力,形成主动学习的态度,因势利导地培养学生的创造能力。"学起于思,思源于疑"。在教学中,精心设计的课堂问题能启迪学生的思维,激发他们的求知欲望,促使他们参与学习,帮助他们理解和应用知识。例如,在"俄罗斯"一节的教学中,学生对俄罗斯的了解是:所占面积居世界之首,地广人稀,资源丰富。当教师出示有关俄罗斯每年进口的粮食数据后,学生通常会表示不解。这时,教师设疑:俄罗斯的粮食为什么还需要进口呢?俄罗斯的农业发展水平到底怎样?学生马上会产生强烈的好奇心,主动地、积极地、执著地探索该问题的奥秘,从俄罗斯的自然条件、农业发展基础与现状、社会经济政策等多方面寻求答案。

2. 培养创新能力,发挥课堂教学的主阵地作用

学校要培养学生的创新能力,就应该重视课堂教学,通过优化课堂教学来实现。因为课堂教学是实施教育的主渠道,也是学校实现教育目标最基本的途径。

（1）激发兴趣，培养学生的创新思维

兴趣是创造的催化剂，一个人的创造性成果，无一不是在对所研究的内容产生浓厚兴趣下所取得的。所以，教师在教学时，首先得注重激发学生的兴趣，用兴趣的磁铁吸引学生去思考、去探索。这就要求教师勤于积累有关教学资料，巧于设计问题情境，善于驾驶语言技巧，精心营造愉快轻松的课堂气氛，让学生每一节课都有新的感觉、新的体验，从而保持浓厚的兴趣和活跃的思维状态，并产生强烈的求知欲望和萌发创造的思维。例如，在讲“水循环”时，引用唐朝诗人李白的诗句“君不见黄河之水天上来，奔流到海不复回。”问学生：这句诗符合地理规律吗？是“黄河之水天上来”吗？是“奔流到海不复回”吗？问题一提出，就很容易吸引学生的注意力，激发学生的学习兴趣，使课堂气氛立刻活跃起来。经过学生的思考后，在讲解水循环图及地球上水资源的分布等问题时，学生理解和掌握都会有比较好的效果。

（2）弘扬个性，激发学生的创新精神

在学习上，创新精神包括敢于否定、大胆怀疑和批判的精神，不怕困难、勇于探索的精神和“明知山有虎，偏向虎山行”的冒险精神。可见，要培养学生的创新精神就应该尊重学生个性，弘扬学生人格力量。这就要求教师要学会引导学生求异，使学生不能仅仅满足于现成的方圆规矩，要允许和鼓励学生去怀疑、去超越，敢于求新求异，从而培养学生勇于探索，勇于尝试的创新精神。

（3）注重实践，提高学生的创新能力

著名教育家奥尼舒说：“教师要善于把完成活动的方法交给学生，让他们独立地把知识应用于实践，独立去获取知识，并补充和扩大自己的知识、技能和技巧”。学生有负责心地参与到学习过程中，尤其是亲身实践，对学习才会有很大促进。创新教育的一个显著特征是重视学生的实践能力，只有在实践中，学生的创新意识、创新精神才能转化为创新能力。否则，创新意识会淡化，创新精神会消退，创新能力也只是空中楼阁。

开展研究性学习是一种比较好的实践教学形式。学生通过与环境、社会的近距离接触，不仅学会了通过各种途径收集资料、整理信息，而且能运用所学的相关地理知识解决实际的问题，使创造性想象和思维能力得到提升和锻炼。例如，在学习一些地区水污染一节时，可布置一项研究性学习课题即“四川省××市(县)内河污染现状及环境保护策略”。让学生以小组为单位到附近有污染的内河去实地调查，了解水污染的现状。通过收集资料、访问群众和咨询专家，来探讨造成水污染的原因，为治理水污染献计献策。同时，向群众发放保护环境的宣传材料，最后制成多媒体课件或板报，以小组竞赛的方式展示图片、材料，分析原因，提出治理方案和保护措施，并回答其他小组提出的有关问题。通过研究性学习活动的开展,学生从小课堂走向了大社会,在公众面前的语言表达能力、与他人交流合作的能力、解决实际问题的能力,及对所学知识的拓展能力,都得到锻炼,大大地提高了学生的自信心和勇于实践创新的能力。

3. 培养创新品质,开展丰富多彩的课外活动

在学生创造力的形成上,课外活动起着十分重要的作用。课外活动通常具有知识性、科学性、实践性、灵活性、趣味性等特点。在这种活动中学生不仅可以获得发展创造力所需要的良好环境,而且开始了真正的创造活动。作为地理教师,应该大力开展一些内容丰富、形式多样的课外活动。比如,组织各类兴趣小组(天文、气象、地震、环境保护、军事地理等)、举办专题讲座、开展演讲和知识竞赛、参观调查、结合实际撰写地理小论文、参加各种公益活动等。

培养具有创新能力的学生,首先应当具有创新精神的教师队伍。随着知识经济时代的到来,终身学习成为一种生活需要。教师应不断提高自身素质,这是时代的机遇,更是强者的挑战。作为教育工作者,我们既充满了对未来的憧憬,又深感历史责任的重大,相信只要解放思想、更新观念、勇于开拓、勇于创新,不满足于教好一本书、教好一堂课,不断“充电”,不断探索,我们就一定能为祖国培养出更多具有创新能力的优秀建设者。

案例分析

【案例】

学习了地球自转的规律和结果后,让学生课后思考:“如果地球反向自转,一天还是24小时吗?产生的结果会有什么变化呢?”在分析了长江洪水日益频繁之后,留给学生课后思考题:“为什么洪水日益频繁?你认为防治洪水灾害的最好方法是什么?”并允许学生异想天开,充分发表自己的新观点、新想法。

【点评】

强烈的求知欲,是学生学习的动力,也是创新的催化剂。创新思维往往是从疑问和惊奇开始的。没有疑问便没有思考,没有思考便没有人的想象、直觉、灵感等。地理教学中要注意唤醒和培养学生的问题意识,要善待学生提出的问题,善待提出问题的学生。鼓励学生自觉地探索新事物,创造性地解决新问题。善于创设问题,留出课堂“空白”,让学生通过观察、分析和比较等方法来发现地理问题,在全面和深入思考的基础上提出地理问题,引导学生大胆地去质疑、解疑。

资源链接

[1] 贾宏伟. 地理教学中如何培养学生的创新能力. 中小学教学研究,2007,(3):62.

[2] 刘海娟. 地理教学中学生创新能力的培养. 中国校外教育,2007,(3):90.

[3] 徐振寰,李俊庆,田茂胜. 潜能与创造力开发. 北京:中国人事出版社,1999.

[4] 王树声. 教海求索50年——我的地理教学实践与思考. 北京:北京教育出版社,2001.

[5] 段玉山. 地理新课程课堂教学技能. 北京:高等教育出版社,2003.

[6] 中小学教师继续教育教材编写委员会. 地理课堂教学技能训练. 上海:华东师范大学出版社,2001.

[7] 徐庆华,李景哲,岳云华. 地理教育学. 北京:中国环境科学出版社,1998.

[8] 王会方. 在地理教学中培养学生的创新能力. 科技咨询导报,2007,(3):248.

[9] 仇瑛. 创新思维中非逻辑思维和逻辑思维的辩证统一. 甘肃联合大学学报:社会科学版,2007,23(3):10-12.

[10] 李淑文. 创新思维方法论. 北京:中国传媒大学出版社,2006.

[11] 钱学森. 关于思维科学. 上海:上海人民出版社,1986.

[12] 陈剑波. 优化地理课堂教学,培养学生创新思维. 武汉市教育科学研究院学报,2007,5(1):37-38.

[13] 周永香. 在地理教学中培养学生创新能力. 教育评论,2007,(4):153-154.

教学反思

【反思文章】

浅谈新理念下地理创新能力的培养①

创新能力是一种多因素的综合能力,而创新思维是创新能力的核心。恩格斯说:地球上最美的花朵便是人的思维。思维能力是智力结构的核心,而创新思

① 文章来源:《中国体卫艺教育论坛》2007年第1期。节选,有删改。作者:曹鸣,山东淄博高新区四宝山中学。

维便是花中牡丹。因为思维的存在维系着人类文明的进程，而创新思维却常常导致整个人类文明的形态的跨越，创新思维是智力中精华的凝结。与之相应的创新思维品质，则是创新者建功立业的核心素质。这种素质所具有的流畅性与广阔性、求异性与批判性、灵活性与独创性、深刻性与精细性以及丰富的联想、想象对未来的预见性，都是创新过程中触类旁通、标新立异、见微知著所必需的，它决定着创新的翅膀到底能飞多高。

培养学生的创新能力，创造新的课堂教学模式，使学生生动、活泼、主动地学习，既激发了学生的求知欲，又扩大了知识面，使学生体会通过探索问题获得知识的愉快，有助于养成独立、主动学习的习惯，使学生真正成为学习的主体。

【反思探究】

总之，良好的课堂学习气氛，民主、自由、平等、和谐的师生关系，完善的课堂教学艺术，都为活跃学生思维，启发积极思考创设有利条件。提倡创新教育，培养创新精神，锻炼创新思维，提高创新能力，培养创新品质，才能使学生超越自我，真正得到提高。

第8讲
多元智能理论与地理教学

思考研讨

1. 利用多元智能进行地理教学以及在地理教学中培养学生的多元智能，各位学员还有一些什么新的方法？

2. 在地理教学中利用多元智能理论，对于学生学习成绩的提高是否有实质性的帮助，具体有一些什么样的帮助？

3. 高中学生学习时间非常紧，地理又是高中阶段的一门副科，利用多元智能理论安排一些课外活动，高中生怎样才能挤出时间，按照地理教师的要求完成这些课外活动？

理论概述

一、多元智能理论的提出与发展

多元智能理论(multiple intelligences, MI)是哈佛大学发展心理学家霍华德·加德纳(Howard Gardner)教授于1983年首先提出的，对当时流行的认知理论观点——智能是以语言能力和数学、逻辑能力为核心的、以整合的方式存在的一种能力进行了质疑。认为智能“是在某种社会和文化环境的价值标准下，个体用以解决自己遇到的真正难题或生产及创造出某种产品所需要的能力”。因而，智能不是一种能力而是一组能力，也不是以整合的方式存在，而是以相互独立的方式存在的。他提出每个人至少有7种智能，即语言智能、音乐智能、数理逻辑智能、空间智能、身体运动智能、人际交往智能、自我认识智能。1996年，加德纳在提出7种智能的基础上又提出了第8种智能，即自然观察智能。经过20多年的发展，该理论已经逐渐引起世界广泛关注，并成为20世纪90年代以来许多西方国家教育改革的指导思想之一。

多元智能理论认为：智能是在某种社会或文化环境的价值标准下，个体用以解决自己遇到的真正难题或生产及创造出有效产品所需要的能力。加德纳认为，支撑多元智能理论的是个体身上相对独立存在着的、与特定的认知领域和知识领域相联系的以下 8 种智能：言语——语言智能、音乐——节奏智能、逻辑——数理智能、视觉——空间智能、身体——动觉智能、自知——自省智能、交往——交流智能、自然观察智能。多元智能理论包含了整体化、个别化、自主化与多元化的教育意蕴。

二、8 种智能

传统的智商理论和皮亚杰的认知发展理论都认为，智能是以语言能力和数理——逻辑能力为核心的，以整合方式存在的一种能力。近 20 多年来，西方不少心理学家在批评上述两种理论的基础上提出了人不仅具有多种智能，而且人的多种智能都与具体的认知领域或知识范畴紧密相关而独立存在的观点。其中，哈佛大学教授、发展心理学家加德纳提出的“多元智能理论”，引起了世界范围的关注并成为许多西方国家 20 世纪 90 年代以来教育改革的重要指导思想。在深化教育改革，全面推进素质教育的新形势下，研究多元智能理论对我国教育改革具有重要的现实意义。

加德纳认为，一方面，智能与一定社会和文化环境下人们的价值标准有关，这使得不同社会和文化环境下人们对智能的理解不尽相同；另一方面，智能既是解决实际问题的能力，又是生产及创造出社会需要的产品的能力。他提出了关于智能及其性质和结构的新理论——多元智能理论。加德纳的多元智能框架中独立存在着 7 种智能：

（1）言语——语言智能：这种智能主要是指听、说、读、写的能力，表现为个人能够顺利而高效地利用语言描述事件，表达思想并与人交流的能力。

（2）音乐——节奏智能：这种智能主要是感受、辨别、记忆、改变和表达音乐的能力，表现为个人对音乐包括节奏、音调、音色和旋律的敏感以及通过作曲、演奏和演唱等表达音乐的能力。

（3）逻辑——数理智能：这种智能主要是指运算和推理的能力，表现为对事物间各种关系如类比、对比、因果和逻辑等关系的敏感，以及通过数理运算和逻辑推理等进行思维的能力。

（4）视觉——空间智能。这种智能主要是感受、辨别、记忆、改变物体的空间关系并借此表达思想和情感的能力，表现为对线条、形状、结构、色彩和空间关系的敏感以及通过平面图形和立体造型将它们表现出来的能力。

（5）身体——动觉智能：这种智能主要是指运用四肢和躯干的能力，表现为能够较好地控制自己的身体，对事件能够做出适当的身体反应以及善于利用身体语言来表达自己的思想和情感的能力。

（6）自知——自省智能：这种智能主要是指认识、洞察和反省自身的能力，表现为能够正确地意识和评价自身的情绪、动机、欲望、个性、意志，并在正确的自我意识和自我评价的基础上形成自尊、自律和自制的能力。

（7）交流——交往智能：这种智能主要是指与人相处和交往的能力，表现为觉察、体验他人情绪、情感和意图并据此做出适宜反应的能力。

后来，加德纳又提出第8种智能——自然智能，即个体对待特殊自然现象的能力。

根据加德纳的多元智能理论，作为个体，每个人都同时拥有相对独立的8种智能。这8种智能在现实生活中并不是独立、毫不相干的，而是错综复杂的、有机的，以不同方式不同程度组合在一起。这8种智能在个体身上的不同组合使得每个人的智能都有独特的表现方式和特点；即便是同一种智能，其表现形式也是不一样的。例如，同样具有较高逻辑——数理能力的两人，其中一个可能是数学家，而另一个可能是文盲，但他有很好的心算能力。由于每个人的智能都有多种表现方式，所以我们很难找到一个适用于任何人的统一的评价标准来评价一个人的聪明与否，成功与否。加德纳的多元智能理论为我们提供了看“聪明”问题和“成功”问题的全新视角。由此，我们应该清楚地认识到，智能是多方面的，智能的表现形式是各不相同的，我们判断一个人聪明与否，成功与否的标准当然也应该是多种多样的。多元智能理论的本质是：承认各种智能是多维度地、相对独立地表现出来的，而不是以整合的方式表现出来的。

三、多元智能理论对我国素质教育的启示

（一）多元智能理论有助于转变人们的教育观

多元智能理论揭示了应试教育的基础是一种狭窄的智能观，仅仅强调的是语言和数学逻辑智能，而忽视了其他种类的智能。教育的社会功能之一是进行鉴别和筛选，而仅仅以用纸、笔的标准化考试手段来区分人的智能高低是有很大片面性的。智能的多元化表明，每个人各有不同的智能发展领域，应全面地认识学生，而不应把人看死了，要引导学生发展自己的强项，主动改进自己的弱项，其他智能类型与语言智能、数学逻辑智能应是同等重要的，个性的差异正是人的多种智能组合的不同，社会需要有各种才能的人，需要丰富多彩。教育不可能消除人与人的差异，消除差异不是教育的目标，而应根据学生天赋、智能组合的不同，使每个人在原有基础上有所进步。多元智能理论有助于教师发现学生的智能倾

向，增强教育教学的针对性和实效性，通过观察学生不规范的行为表现可发现语言智能发达的学生老爱说话；空间智能发达的学生爱涂涂画画；人际关系智能发达的学生爱与人交往；身体运动智能发达的学生爱做小动作等。多种智能的情景化评估，应用于办学，可使我们明确自己学生的优势方面，结合考虑教师的专业特长，从而明确我们的办学方向，集中有限的经费投入，努力发展学生的特长，形成学校特色。

（二）多元智能理论启示人们需要形成多元智能教学观

多元智能理论将教学过程界定为一种生成性的过程。加德纳虽然没有直接论述教学过程的这种生成性，但在他的著作《受过训练的智能》一书中提出，在多元智能理论的基础上要建立理解的课堂教学，而这种理解的课堂教学就是"重在理解的建构主义者的课堂教学"。知识不是被动地从环境中吸收的，而是由儿童通过他的新结构与他的环境之间的相互作用构建的。多元智能理论批评传统教学，使学习去情景化的做法，强调学习的主动性、社会性和情景性。在加德纳的著作中，对基于情景化学习的情景化教学有许多的阐述，在他关于多元智能学校的设计中，就提出了理想中的学校应有"深入社区的学习"，他称之为"场景化的学习和探索"。他再三倡导和建议学校教育应注意吸收两种非学校模式——"师徒模式"和"博物馆模式"的社会场景化学习过程和社会场景化学习环境的有效成分。

多元智能理论主张教学目标的全面性，以多元智能为教学上的"多元切入点"，为所有的学生都提供发展的多元途径，实现真正的理解，并使教学与学生的现实及将来的生活真正相连。加德纳认为，学校教育的目标并不只是培养学生的智能或基本学科内容和技巧。学生必须对特定的学习主题有深入的理解，有进一步独立思考和解决问题的能力，"教育最终的目的必须是能够增进人类的理解"。他再三强调，只有建立这样的前提目标，才能清楚学校教育在教学中"应该做什么"和"为什么要教那些课程"。

多元智能强调教学过程中学生角色的主动性。以"学习者为中心"是多元智能教学观的根本倡导，尊重学生的重要性，充分相信学生的学习能力。教师应该根据每个学生的特点设计学习计划，作为理想的学校教育目标，这种"中心"强调了教师对学生主体角色的认同。加德纳在教学中强调学生的参与，他说："我所提倡的，仅仅是为学生准备范围更广的可供选择的课程"。学生的自主选择，在多元智能的教学中被看做是学习和教学中的"建构"过程的开始。

多元智能理论使我们认识到，教学模式、教学方法要有针对性，不能千篇一律，搞一刀切，而要针对学生的不同智能组合所表现出来的差异，进行因"材"施教或因"才"施教，我们不可能用同一种教学模式使学生达到相同的发展水平。

以这一观点来审视我们的“分层次教学”就会明白,这还仅仅是一种较低层次的因“材”施教,因为这里所谓“分层”是指考试成绩所表现出来的学生程度不同的分层,这个“材”还是建立在狭窄的智能观基础上的“材”。

(三)多元智能理论有助于人们转换教育评价方式,形成多元评价和发展性评价观

多元智能理论向传统的评估学生智能的观念提出了挑战。传统的学生智能评估是以纸笔为手段的智力测验,由于其所测验的只能是语言智能和数理逻辑智能,它在预测学生在学校的成绩方面可以相当准确,但在预言他们走出学校后的实际情况时却无能为力。这种单一片面的评估极易导致学生片面、不健康的发展。它使得那些在语言或数理逻辑智能方面表现不好的学生失去了学习的兴趣和自信。多元智能评估是以开发和培养学生的多元智能为目的的发展性评估。这种评估并不否定测试,也需要借助测试对每个学生智能的强项和弱项进行鉴定。以促进学生发展为目标,评价功能突出发展性,认为评价本身不是目的,而是教育学生达到目标的手段。多元智能理论承认学生之间存在智能和才能上的差异,在此基础上,进行鉴定与分析,从而判断出评价对象的优势智能领域和弱势智能领域,发现存在的问题与不足,改进教学策略,寻找更好的教学方法,发现和发展学生身上多方面的潜能,理解学生发展中的需要,帮助学生认识自我,建立自信,促进学生在原有水平上的进一步发展。

传统评价“客观而严密”的观点必须清算,应当重视从实现教育目标的角度去考察学习者的实态,只从一个角度进行测评,难免失之偏颇,评价应当多元化。这种多元化主要表现在以下几个方面:

(1) 评价内容多元化

它是客观评价学生的重要方面。学生学业成绩所反映的,只是学生智能的一个或两三个方面,而智能的本质不仅限于此。多元智能理论强调,智能的本质更多地表现为个体解决实际问题的能力和生产及创造出社会所需要的有效产品的能力,并且其呈现方式也是多种多样的,对同一问题的独特见解,小发明,小创造,运用知识解决实际问题的能力,甚至学生道德品质,心理素质的提高,良好行为习惯的养成等都是学生某种智能因素的外显方式,都可以作为评价内容的一部分。

(2) 评价标准方面注重学生的个体差异

由于人的个体差异是多元的,每个人都同时拥有多种智能,只是这多种智能在每个人身上以不同的方式、不同的程度组合存在,使得每个人的智能各具特色。因此,这就使得我们在确定评价标准时,要更多地关注学生个体间发展的差异性,制定多层次的评价标准,在关注共性的基础上,从多个方面或角度去审视被评价者，发现其优点和长处，使其在自尊、自信中不断发展。

(3) 评价方法多样化

由于智能是同实际的生活情境息息相关的，除纸笔测验外，最好能在真实的情境中加以评估，定量评价与定性描述相结合。学生获得知识、技能的方法多种多样，成果展示的途径也各不相同，这就要求评价者在评价过程中，为了确保评价结果的科学性，就必须根据不同的成果形式采用相应的评价方式。可以说多一把尺子就多一批好学生，但必须考虑到不同评价方式的适用范围，重视评价的灵活性和有效性，以便更好地发挥各种评价方法的优势。此外，在评价过程中还要关注学生创新精神与实践能力，情感态度与价值观等多方面的发展。

(4) 评价主体多元化，重视自评、互评及多主体共同参与

评价是一种价值判断的过程，这种价值是多元的。因此，评价主体也应是多元、多向的。学生是学习的主人，是学习活动的参与者，评价的主体应是学生，教师要充分相信学生的能力，将评价的主动权交给学生。重视学生的自我评价，要努力发展学习者的自我评价，进行学习行为的自我监督与调整，通过自我奖惩去自觉修正学习行为。教师的任务只是对学生开展的评价进行指导、监控。同时还应重视学生间的互评，通过同伴间的互评，可以帮助孩子更清楚地认识自己，而且互评也可以起到榜样的作用。另外，必要时也可以引入家长的参与，扩大评价面，做到对学生的评价更科学、公正和客观。

(四) 加德纳的学校设想启示人们在学校体制中应设专职人员负责对学生的“指导”，扩展学校教育职能，树立新的管理观

这里的“指导”不是作为日常用语而是专门的教育术语。“指导”，最初是从美国教育实践中逐渐形成的概念，其演变大致经历了职业指导、学业指导和生活指导(或称社会性指导与人格指导)等几个阶段。作为独立教育职能的“指导”应属于补充或更新传统教育职能系列概念的尝试，这要从最初学校工作职能的划分说起。

学校工作职能的划分，源于赫尔巴特。他把学校对学生所做的工作区分为“管理”、“训育”和“教学”。教育的本义即“引出……”，在这个意义上，管理是外部控制，不属于真正的教育。“训育”是指“对青少年的心灵产生直接影响，即有目的地进行培养”。“训育”的实施，须求得学生的认同。它不以理性求其心服(那是诉诸“教学”)，而是诉诸感情，使其乐于接受。故其基调是“延续地、不断地、慢慢地深入人心和渐渐地停止的”。之所以渐渐地“停止”，是谋求以更深层次的“教学”代替，即最终诉诸理性，使其心服。这种训育具有指导的含义。“训育”与“教学”的界限在于是否以教材为中介。

赫尔巴特的分析框架属于关于教育工作由浅入深的纵向分析，但是后来，赫

尔巴特学派把这种纵向过程分析折射成横向的教育工作类型划分,作为学校内部工作分工的基础。赫尔巴特原先构想的"训育",属于诉诸情感而对学生产生的直接影响,旨在培养独立人格,虽然偏重于道德情感却并不局限于此。后来把"训育"归入"德育",而把"管理"归入"训育",意味着"训育"重心从"人(性格)"转为"德"。"教学"原先是培养独立的、多方面发展的独特的道德人格的基本途径。但教学的日益智育化,在班级授课制下,教学内容日趋复杂,使教学越来越难以顾及个人独特的发展。在教学、训育都难以顾及个人独立、独特发展的情况下,旨在对学生自我实现发生影响的"指导",便应运而生。

在一些教育发达的国家和地区,早已形成作为独立教育职能的"指导",同"教学"并驾齐驱,或以"指导"代替"训育"(如日本),或把它同"训育"和"教学"并举(如中国台湾地区)。在英语国家,采取"指导"概念,以"指导"代替"训育"。"指导"作为独立教育职能,其可以定义为"为了个人的幸福和社会效益,在每个人努力发现、发展各自潜力的整个时期对其援助的过程"。

参照发达国家教育工作演变的趋势与传统教育职能概念系统,这种基于"人本位"的教育取向,其中无论"教学"还是"训育",其视野都局限于师生双边活动过程,在社会急剧变动形势下,不足以解决学生"社会适应"的问题。同时,尽管这种教育格局以"人"为本位,由于"教学"与"训育"都是"教"字当头,实际上留下了对学生进行个别指导的"真空"。由此可见,把"指导"概念化,并形成教育工作的专门领域,既切中时弊,也反映了人类教育概念的不断进化。我国现行教育工作中的"指导"成分,是纳入"班主任"工作范畴,此外尚有团队组织的工作。"班主任"工作纳入"德育"范畴。班主任是否有余力顾及各个学生的指导权且不论,更重要的是班主任工作仍然缺乏明确的"指导"意识。因此,"指导"理应是作为一个专门的教育工作职能来理解。

四、多元智能与地理教学

(一)利用多元智能进行地理教学

多元智能理论强调每一种智能的发展有早晚和快慢之分,每个人智能的结构组合也不尽相同。正是这些不同使得每个人的学习类型和智能类型各具独特性,导致了学生的学习兴趣的差异以及思考问题的差别。传统上我们所认为的"差生",在某几项智能的表现上却可能相当出色。从这个意义上来说,学生之间在智能上的差别不再是过去所理解的智商高低的差别,而是智能类型或学习类型差异或某种智能发展差异的问题。用多元智能理论审视当前的地理教学,其教学模式大多以一两种智能为基础,而忽略了其他智能的开发,学生缺乏创新精神,主体性被忽视,教学效率低下,学生往往片面发展,综合素质不高。因此,为适应学生个体智能特点的独特性和多样化，在教学设计上突出多元化和个别化，通过发挥不同智能活动的不同作用，创造适合每一个学生的教育，对具有不同智能结构特点的学生采用不同的智能作为媒介，以达到对具体的教学内容的理解和掌握，使每个学生都能得到最好的发展。利用多元智能进行地理教学，通过调动各种智能活动在教育和教学工作中各自不同的作用，使相同知识内容的教学可以通过多种途径进行，从而大大提高课堂教学的效果。

例如，“长江”一课通过多元智能而教的教学设计如下。

课题：长江

课程目标：通过 8 种智能模式学习长江的概况

课堂资料：“长江”挂图、音乐磁带、光盘、多媒体课件、相关书籍和画报

学习活动：

语言智能——让学生阅读教材中“长江”部分的内容，并概括主要知识结构。

数理逻辑智能——通过图表的解读，利用表解法表述长江各江段的水文特征及其形成原因。

视觉空间智能——画出长江水系图。

身体运动智能——用角色扮演长江沿岸重要城市的方法，表示长江的分段特征。

音乐智能——通过插播《长江之歌》等歌曲，分析歌词内涵，了解长江的特征。

人际关系智能——以小组合作的形式讨论长江的分段及特征。

自我认识智能——让学生畅谈学习《长江》一课的感受。

认识自然智能——请游览过长江沿岸名胜古迹（如三峡）的同学谈谈见闻。

通过以上设计，每个学生都能以适合自己智能特点的方式学习，并通过多种途径达到对知识内容的理解和掌握，发挥自己的强势智能，带动弱势智能的发展和进步，特别是在合作学习中，能从其他成员身上汲取智能长处，把自己的强势智能融入小组的学习中去。总之，在多元智能的教学设计中，要确保给学生提供多样化和个别化的学习机会和学习途径。

（二）在地理教学中培养学生的多元智能

当今社会是个多元化的信息社会，它要求每个人多项智能的全面发展及个性、才能得到充分展示。为此，我们要深入挖掘地理学科中能培养学生多元智能的内容，在传授地理知识和培养技能的同时，更加注重学生各项智能的培养，使每一个学生的强项智能得到充分发展，并通过强项智能带动弱项智能的发展。

如学习地球的宇宙环境时，围绕多元智能进行如下操作：语言智能——读近

代天文史上杰出科学家的生平与重大成就介绍，归纳他们的主要学说与观点，发言交流；数理逻辑智能——提出材料中的问题，论证科技发展水平对宇宙探索的重大作用（如我国探月工程）；身体运动智能——角色扮演资料中的科学家，上台介绍各自的简历和对天文学发展的贡献；视觉空间智能——设计展示出各种形式的宇宙组织结构示意图；音乐智能——使用适当的背景音乐，利用音乐提高学习效果；人际交往智能——分组讨论有关宇宙探索的思考题，相互学习；自我认识智能——阐述自己关于宇宙探索的观点或学习体会。

事实上，地理教学的每一个具体内容，都蕴涵着培养这 8 种智能的素材，只不过不同的内容在培养学生 8 种智能方面的侧重点会有所不同。为此，地理教师要善于挖掘，才能做到在不同的课上，各有侧重地、有目的地培养学生的多元智能。

案例分析

【案例】

模拟一次暑期出国旅行，设计旅行路线，利用地图说出经过的主要国家和城市，描述可能见到的特色景观或旅游胜地。

要求：

1. 全班分 6 个组，每个组长挑选一个除南极洲之外的不同大洲中的国家，作为出行目的地。

2. 每个组员都应有相应的任务，可在组内商量分配任务。不参与的组员没有分。

3. 根据老师给出的评价表，把涉及的内容有条理地写在或画在 A4 纸上，尽可能做到图文并茂。

4. 在评价交流课上，先由小组长说出小组自评的分数，再由各组给出评价意见和分数，最后教师点评学生的态度、合作精神、作业的准确度等。

5. 准备时间为一周左右。

【点评】

在学习了除了极地的分区地理之后，安排一次这样的活动题，既可以检测学生从地图上提取信息的能力，综合各国地理要素解决地理问题的能力，能进一步完善和加深所学的知识内容，又可以提高学生的人际交往、自我认识和存在、观察等多方面智能，还可培养学生团队互助合作的精神。

资源链接

[1] 邓巍. 浅谈地理课堂教学中多元智能的培养. 中学地理教学参考,2004,(6):40-41.

[2] 周盈科. 基于多元智能的地理教学评价新方式. 地理教学,2003,(8):60-61.

[3] 陈莉. 地理图像教学与多元智能开发. 地理教育,2005,(1):65-66.

[4] 张其志. 多元智能评估的主要观点及操作要领. 课程·教材·教法,2005,25(2):90-96.

[5] 陈晓华. 多元智能理论与高师地理教育专业课程改革. 池州师专学报,2005,19(5):119-121.

[6] 周红杰. 多元智能理论在地理教学中的应用. 中小学教材教学,2005,(1):62-65.

[7] 孙中旭. 多元智能理论与地理教学. 现代中小学教育,2002,(12):27-28.

[8] 徐振华. 多元智能理论:地理教学改革的新支点. 中学地理教学参考,2004,(3):25-26.

[9] 田爱奎. 多元智能理论下的数字化游戏学习. 当代教育科学教,2007,(10):41-42.

[10] 纪红军,曲玉红. 多元智能理论对我国素质教育的启示. 山东教育学院学报,2006,(6):4-6.

教学反思

【反思文章】

多元智能理论在地理教学中的应用①

在地理教学中培养学生的多元智能主要从以下几个方面入手:一是通过加强教师语言的示范性,坚持学生多发言,组织形式多样的教学活动等途径进行语

---

① 文章来源:《中小学教材教学》2005 年第 1 期。节选,有删改。作者:周红杰,郑州高等师范专科学校地理系。

言智能培养。二是通过对地理图像的观察训练培养视觉——空间智能。三是通过地理计算和数学理论在地理上的应用等培养学生的逻辑——数学智能。四是在地理教学中要引导学生多实践、多体验、多观察。学生观察时,教师要注意适时引导、不断设疑、引发想象,培养学生的自然观察智能。此外,还可以通过多种教学活动培养学生的身体——运动智能、音乐智能、人际关系智能和自我认识智能。

利用多元智能进行地理教学,能使学生智力因素、非智力都得到提高,突出学生个体的独特性,使每个学生的强项都能得到发展。从而使学生的综合素质得到提高。

【反思探究】

多元智能教学有利于学生培养各方面智能,更好地进行因材施教,有利于学生个性的发展。但其实施过程需要教师精心设计,教师要善于挖掘,充分利用课堂教学时间,使其在有限的课堂教学时间内既能突出重点,又能全面培养学生的多元智能。

第9讲
地理新课程教学方法的优化

思考研讨

1. 在一堂课中,使用多种教学方法来进行教学,有助于活跃课堂气氛,但是否不利于课堂纪律的约束,从而影响教学效果?

2. 高二时,理科生不再学习地理,大多数将来准备学习理科的学生对地理学习兴趣不浓。能否通过教学方法的优化,在高一年级的教学中,提高所有学生学习地理的兴趣?

3. 近几年来,应试教育的指挥棒肯定不会改变,而优化教学方法,能否真正提高学生的考试分数,优化教学方法是否会仅仅流于形式?

理论概述

21世纪,在全面推进素质教育中要求课程的设置和教师的教学必须着眼于学生的全面发展,其中如何进行教学方法的改革成为教育界面临的主要问题之一。新教材遵循“教育要面向现代化,面向世界,面向未来”的战略思想,以全面推进素质教育为宗旨,根据新课程标准所提出的基本理念,要求学习对终生发展有用的地理,学习生活中有用的地理,改变地理教学方式、方法,构建开放式的地理课程,构建基于现代信息技术的地理课程,构建学习结果与学习过程并重的评价机制,确立新的人才培养模式。这对地理教学提出了新的和更高的要求,给地理教学工作带来了新的生机。因此,如何适应素质教育模式,做好地理教学活动的转变,优化教学方法,从而进一步提高地理教学水平,是一个值得探讨的重要课题。

一、新课程理念下的地理课堂教学策略

新课程提倡创设教学情境,优化学生的学习内容和学习环境,使学习方式更

加个性化、多样化，把情感、态度、价值观列为学生发展目标。因此，新课程理念下的地理课堂教学，是师生之间情感、思想、观点相互交流的过程。地理教师要根据教材内容、课程标准、教学环境和学生的学习基础，因人、因地而宜地设定教学策略，才能将新课程理念转化为具体的教学行为，促使新课程理念学科化、可操作化。

（一）教学氛围愉悦化策略

建立愉快、融洽的教学氛围，是搞好地理课堂教学的基础。“为了每一位学生的发展”是新课程的核心理念。要实现这一理念，地理教师必须尊重每位学生做人的尊严和价值，这对智能迟缓、学习成绩不良、有过错的、和自己意见不一致的学生尤其重要。不能因为学生没有达到教学的要求，就训斥、羞辱、体罚他们。要学会欣赏学生的兴趣、爱好、特长；学会赞赏每位学生学习时所付出的努力或对自己的超越，建立真正民主、平等的师生关系。努力做到：生活上，言传身教，做学生的知心朋友；教学中，树立为学生服务意识，从世界观的形成、知识的增长、能力的培养、身心的发展、行为的养成等方面，以身作则，全面指导学生。课堂提问时，对学生一视同仁；课后辅导，不放过一个后进生。通过课间谈心、课外活动，了解学生的思想动态，用真诚和热情赢得学生的信任，以自己的言谈举止给予学生强烈的感染、熏陶，从而引起学生感情上的支持，激发他们学习地理知识的兴趣。

学生学习的动力主要来自其内在动机，但一定条件下，外部恰当的赏罚，可以进一步激活学生学习的内在动因。所以，地理教师在设计教学时，要尽量使学生产生“跳一跳，能够着”的感觉，最大限度地刺激学生渴求知识的欲望，帮助学生获得成功喜悦的机会。同时，要充分理解学生在学习上的困难，创造条件引导他们参与教学活动。对学习方法欠妥的，要帮助指导；对思想懈怠的，给予鞭策；对有进步的，表扬鼓励；对心情烦躁的，疏导解惑。对后进生更要注意针对他们的实际情况加以开导，帮助他们克服自卑心理，课堂上密切关注后进生的听课情绪，帮助他们跟上老师讲课的思路；要充分发挥教具的直观作用，尽量用学生已有的生活经验讲解问题；通过选择典型题目，说明所学知识的运用方法，使后进生能听懂课、会做题；通过后进生的点滴进步，发现他们身上的“闪光点”，并适度地把“闪光点”扩大，让每个学生都有展示才华的机会，都能在成就感中获得自信和积极向上的动力。要恰当地运用教学手段的多样性和艺术性，调动学生的学习积极性，有针对性地对学生进行赏罚，才能及时调节、控制和稳定课堂纪律，形成良好的教学氛围。

（二）教学导入问题化策略

用建立问题情境的教学方式设计新课程的导入，具有酝酿情绪、带入情境、集中注意力和渗透主题的作用。新课程导入的目的是为了将学生的注意力集中到学习目标上，激发学生的学习兴趣，构建学生的认知结构。因此，地理教师导入新课时，要千方百计把学生的心理活动转到学习行为上，利用导入活动方式的变化和强度的差异，引起学生的无意注意；或提出问题、设置悬念，将教学目标具体化，吸引学生的有意注意。通过提供新颖的学习内容、引人入胜的学习情境，满足学生的求知需要；结合学生所闻所见的生产、生活、社会实际或中国、世界发生的重大地理事件，激起学生学习的动力，调动他们的学习积极性。同时，课堂教学时，要依据学生的心理需求，灵活多变地设计导入。注意导入的内容要与课堂教学的中心问题相联系，否则会把学生的注意力引向枝节问题，影响课堂教学效果。

地理课堂教学导入新课的类型很多，例如，讲解地理基础知识时，可采用阐明学习目的、要求、内容和程序的“直接导入法”；学习区域地理知识时，可从复习提问、观看录像等活动开始，提供新旧知识的联系支点、创设研究问题的情境，用解决直观感知带来疑问的“直观导入法”；综合复习时，采用编拟符合学生认知水平、形式多样、富有启发性的问题，引导学生回顾、联想的“设疑导入法”；学习世界地理时，用“奇”和“巧”吸引学生，以问题揭示矛盾的“悬念导入法”；介绍规律性地理知识时，用查阅地图、明确地理事物空间分布的“读图导入法”；探讨地理事物成因时，采用操作模型、动画播放的“演示导入法”；学习区域自然地理特征时，采用情节曲折、事实生动的“故事导入法”；介绍自然风光时，采用诗歌、散文激发情感的“诗文导入法”。此外，还可以结合教材内容，选用联系国内外形势、渗透思想教育的“新闻导入法”；结合乡土地理知识的“乡情导入法”、抓住地理事物特点，激发学生兴趣的“特征导入法”……总之，教师在地理课堂教学之始，用不同的导入方式，引导学生为解决问题而认真听讲、努力思考、积极参与，才能使他们对新知识学得好、记得牢。

（三）教学内容演示化策略

地理知识的空间范围广阔，很多地理事物和地理现象学生无法感知。地理教师在课堂上运用操作、示范等演示手段，充分调动学生的视觉和听觉，指导学生进行观察与思维，帮助学生增强直观印象，形成正确的地理事物表象，让学生从教师的演示中发现和掌握地理事物的特征。同时，恰当的教具演示，可使地理知识中一些抽象、复杂的原理简单化、具体化，化难为易；大量生动、优美、逼真的地理事物形象，给学生以清晰、深刻、正确的感知，使学生在欣赏、品味中，为之动情，激发学习兴趣，帮助他们将地理事物记忆、保持、再现，进而形成知识的迁移，培养学生从各种扑朔迷离的现象中捕捉事物的本质，养成实事求是的科学精神。

目前，地理课堂教学中，最常用的演示方法是模拟演示和电化教学。地理教师要遵循直观性原则，如在讲授地球上自然带、矿产资源时，将矿物、植物的标本带到课堂，让学生通过实物观察，认识不同物质的特征、属性，研讨其存在环境发生、发展的过程；学习地球形状、等高线地形图时，使用模型演示，可达到由远及近、化大为小、揭示内部的直观效果。中学地理教材中很多内容都需要运用图片演示。教师应注意收集适合教学使用的、能表现各地自然和人文地理风貌的景观图片，并使之“成龙配套”，为学生提供第一手感性材料。要充分利用课本中的各类地图，通过不同颜色、形状、图形和符号，把五彩缤纷的世界呈现在学生面前，通过阅读地图，培养学生检索和加工地理信息的能力、观察思考和想象能力。

在地理教学中，运用多媒体演示幻灯片、录像和视频资料，是地理教师必备的教学技能。用幻灯片辅助教学，具有节省时间、直观性强、重点突出、便于制作、携带和保存的优势。特别是用分解复合幻灯片比较不同地区地理事物特征或进行综合分析，教学效果很好。另外，地理教学时经常需要讲解“地球自转与公转、地壳运动”等宏观、动态、抽象的现象，利用多媒体计算机配合，解决静与动、微观与宏观、具体与抽象的矛盾，对突出教学重点、突破教学难点极为有利。地理教师要学会选择、捕捉与教学内容密切相关的视频素材，制作教学课件，引导学生通过网络提供的教学资源进行学习、探讨，培养他们的探究精神和探索能力。

（四）教学过程活动化策略

新课程倡导让学生在活动中、操作实验中、深入实际生活的过程中学习；让学生从自己的直接经验中学习或者是从他们的经验中通过再发现来学习。因此，课堂教学时，教师要让学生对地理知识和基本技能的学习融入有趣的活动中，让学生在游戏中学、在思考中学、在合作中学，从而获得学习的乐趣，全面、和谐地发展。

中学地理教材不仅内容丰富、脉络清楚，而且教学活动形式多样。例如，图像数量多，且每幅图所含的信息量较少，重点突出，与学生的认知水平相适宜，学生能看得懂，乐于看；彩色照片直观性强、地理味浓，使学生在艺术享受中接受知识；不同单元的引入方式新颖多样，趣味性强，能刺激学生的求知欲；“阅读”、“思考”、“活动”等项目，既能培养学生动口、动手能力，又能启发学生思维，为加强素质教育，促进师生双边活动提供有利条件。

地理教师要根据学科特点，课堂上提问和讲练相结合，想方设法引导学生参与教学活动，把学习的主动权交给学生，指导和督促他们学会听课、观察、思考、研讨，并通过各种教学形式和教学方法的有机结合，满足学生锻炼能力的需要。例如，采用“设置疑问，引起学生认知兴趣；提出问题，促使学生积极思考；操作训练，创设活动机会；组织研讨，鼓励畅所欲言；启发联想，组成知识网络；组织竞赛，形成教学高潮”。对课本上已有的规律性知识，通过步步设问和指导，由学生自己得出结论；对一些学生有疑惑、难度不大的问题，引导他们在合作研讨的基础上得出结论；对原因众多、过程复杂的地理现象，要运用对比手段，加强新旧知识的横向联系，帮助学生发现异同点，开阔思路、触类旁通……

针对青少年好奇、好动的特点，教师在进行新课程教学时，可以适当引导学生动手习作，培养他们的实践和创新能力。例如，学习“气温的变化”时，指导学生绘制“气温变化曲线图”；讲述“等高线”时，引导学生制作“等高线地形模型”；学习“中国交通”时，让学生绘、填“中国主要铁路干线图”。此外，利用课本上的插图和地图册，让学生根据图例、注记、经纬网等知识，说出地理事物的分布并绘制简单的图表；引导学生用学过的地理概念，通过分析，判读各种气候类型；通过计算，求出不同地区气温、降水量的差异；通过议论、归纳，提高学生的语言表达能力……使学生情绪饱满、注意力集中，在活跃、愉快的课堂氛围中掌握所学知识。同时，教师还要结合教学需要，充分开发、利用学校图书馆以及科技博物馆、工厂、农村、科研院所等广泛的社会资源，带领学生走出课堂进行参观、调查、考察等活动，在社会大环境里，鼓励学生用学到的知识，解决生活中的实际问题，培养他们理论联系实际的能力和社会责任感。

（五）教学效果的巩固策略

新课程地理教科书，将传统的“教材”变为形象生动的“读物”，可读性增强了，但学科知识的系统性却减少了。因此，地理教师在完成新授课教学任务后，应指导学生学会整理知识，建立相应的知识结构，帮助学生减少对教学内容的遗忘程度。同时，教学过程中，要注意采取“精讲多练”的方式，利用穿插在课本中形式多样的思考练习和基础训练、填图册等，加强对学生地理知识和基本技能的训练。促使学生加深对教材内容的理解、记忆。在组织练习时，按照量力性原则和因材施教原则，从学生的接受能力、练习内容的难易程度等方面考虑，讲究针对性，做到练有目的、练有重点、练在关键。注意加强地理知识的综合性、启发性和思考性；注意练习的序列性、层次性和新颖性。对难度大的、学生接受较困难的，要降低思维坡度；对难度小、学生容易接受的，则提高思维跨度；注意渐进练习与跳跃练习、顺向练习与逆向练习、引导练习与放手练习、正面练习与反面练习的有机结合；按照地理知识间的联系、从属关系进行综合练习，使分散、零乱的地理现象集中化、系统化，形成科学的知识结构体系。要加强对各类练习的指导和督查。例如，对课堂上布置的读图、制表、思考练习，采用提问或板书回答的形式加以校对；对课后基础训练和填图册上的练习，则通过笔批的形式进行全面检查。还可以通过自查，培养学生审题、做题和自我评价的能力；通过互查，促使学生之间取长补短；通过师生共查，使教学中的难点得到解决；通过阶段性测验，及时巩固教学效果。配合课堂教学，教师要组织学生开展丰富多彩的课外活动：让学生收听、收看“新闻联播”、“天气预报”;收集地理趣闻、诗歌、专题报道、地理图片,讲述地理故事或召开主题班会;通过刊印地理小报、举办展览会、绘制地图、制作教具等,从中发现学生们在生理、心理、知识、爱好、特长等方面的差异,采取有的放矢、因材施教的方法,发现、培养地理活动积极分子,进行多方向、多角度、多层次的创新教育,提高学生综合分析问题的能力,促使他们通过发散思维训练,培养创新意识和创新能力。

总之,中学地理课程的新理念和综合化特征,需要地理教师树立终生学习的意识,积极参加在职培训和继续教育,通过自主学习、合作学习、探究学习,确立科学的、先进的课程理念,提高自己课程开发、整合和创新能力、信息技术与教学有机结合的能力,在实践中不断对自己的教育教学进行研究、反思,对原有的知识和经验进行重组、更新,使知识结构多元化、人文化、国际化,才能适应时代变革的需要,把新课程理念下的地理课堂教学工作做好。

二、选择和优化教学方法的途径

(一)熟悉教材是优化教学方法的基础

由于目前中学地理教材的编写出现了多样化的特征,不同教材有不同的特点、风格、优势和适用对象。因此,在选择教学方法之前,要认真钻研教材,根据教学大纲,熟悉课程的目标、内容、重难点以及知识结构的联系,掌握教材的特点和优势,这是达到最优教学效果的前提。

(二)关注学生是优化教学方法的立足点

当代教学观念从重视教师教学转向重视学生学习,其中也渗透到教学方法的改变中。教学方法的选择应与学生学习规律相一致,注意激发和保持学生学习的动机和兴趣,还学生以主动学习的地位。因此,在教学设计上要从学生角度考虑,教学方法的选用一方面要适应学生的年龄特征和个性差异,另一方面要有利于促进学生学习地理知识方法的形成。在地理教学中,要使学生成为学习主体,就应该促使学生想学、爱学、会学、愿学。因此,研究学生、了解学生学习的差异就显得十分重要。

1. 学生学习地理兴趣的差异

中学生的地理学习兴趣有稳定性差和可塑性大的特点。因此,中学是培养学生地理学习兴趣的关键,增强在中学对地理课的兴趣和印象,对以后的地理学习影响极大。而且针对中学生地理学习兴趣波动性大的特点,教师要着重从调动兴趣入手,增加教学手段的丰富性,强化景物形象的直观刺激,注重与身边实际生活经验的联系。

2. 学生学习地理能力的差异

中学生的空间知觉能力和逻辑思维能力较低。因此，在学习空间性强的地理知识时，需要生动、形象、逼真的直观图像、教具的直接支持。在空间性强的知识内容学习过程中，要适当降低难度，放慢进度，循序渐进，稳步推进。有时还要在观察中改变角度，增加维度，加大多媒体的运用，以利于准确地认识有关的地理事物及其运动变化。大部分中学生不善于多"因"或多"果"地分析问题，基本上不具备对区域地理的综合能力。因此，在地理教学中要以分析为主，综合为辅。中学生对地理图像的细节观察能力优于整体观察能力，机械记忆占有优势，而理解记忆有限，有一定的想象能力，有创造的热情与倾向，但难免带有幻想色彩和片面性。因此，对他们要循序渐进地加强阅读地图的训练，提高对图像地理意义的认识，以克服"散乱零碎，不得要领"的读图倾向，逐步培养综合分析能力。

3. 学生学习地理态度的差异

由于学习动机、兴趣不同和认知水平的差异，中学生在对待地理课的学习态度上可以分为：目的明确、态度端正的自觉型；凭一时兴趣，成绩忽高忽低的兴趣型；需要教师和家长经常督促的被动型；贪玩不学、极不认真的强迫型。因此，教师在教学中应根据学生学习地理态度的差异，分类指导和鼓励，不断强化学生的学习动机，激发学生学习地理的兴趣，从而达到端正地理学习态度的目的。

（三）使用多样教法是优化教学方法的途径

教学方法是师生相互联系的方式，由于活动方式和性质是多种多样的，所以教学方法也是多种多样的。实践证明，只有把各种教学方法结合起来运用，才能兼顾到教材各部分的特点，使受教育者能在学习活动中更好地发挥自己的能力和才干，并找出最适合自己掌握知识的途径。任何一种方法在教学中都不能认为是最佳的，都有不同的适应教学内容和教学对象。因此，在选择和运用教学方法时，要根据教学内容和教学对象的差异，注意多种教学方法的相互渗透和补充，从而达到优化教学方法的目的。

（四）优化教学方法的评价途径

1. 教师自评

教师必须经常有意识地反省自己的教学实践，从中总结经验教训。可以通过各种渠道收集多种反馈信息，把教学后的得失记录下来，哪些达到了目的，哪些还没有，原因何在？通过认真地思考、总结，以后碰到此类问题时，就心中有数，从而提高自己的教学效果，优化教学方法。

2. 学生评教

学生是地理教学过程的主体，他们对教师教学最具有发言权，学生评教也较符合客观事实。学生评教可以采用问卷调查、学生代表座谈等方式。通过调查，掌握学生总体上对课程兴趣有多高，对该课程所使用教学方法传授的知识印象是否深刻等。教师应充分重视学生评教,从中获得教学信息反馈,调整和改进教学方法。

3. 同行教师互评

作为教师要有意识地虚心听取他人对自己教学工作的评价。同行教师对教材目标、内容、重难点、教学方法等都比较熟悉,教师之间可以相互听课与观摩,在课堂教学结束之后,再集中举行评课活动。教师之间互相取长补短,相互学习,共同提高是很有好处的,对优化教学方法也很有帮助。

案例分析

【案例】

作者:汪学芳

作者单位:福建漳州市华侨中学

文章来源:《福建地理》2005 年第 1 期

"人口观"教学中所采用的方法。

1. 启发式教学法

教师提出一系列问题,启发学生逐步思考来组织地理教学过程。在"世界人口分布"教学中,先不讲人口分布稠密区和分布稀疏区的原因,而是让学生自己一边看图一边回忆以前学过的地形与气候知识,一步一步通过提问来启发学生为什么平原地区、近海地区、中低纬度地区人口多,而一些高纬度、赤道、干旱和高山地区人口少。

2. 认识性游戏教学法

上课时先组织学生做游戏,然后导入对新知识的学习。如在上"人口问题"这一部分内容之前,先在班级后排空地上画一个 1 m^2 的正方形,组织班级的学生尽可能多地立足于这个空地上,然后让学生自己算出有多少人挤在里面。有的班级挤了 10 人,有的班级挤了 11 人,同学们说他们已经尽力挤在一起,不能再加塞了。这时可给学生一个数字"13"——说是我国北京、天津、上海等大城市,公共汽车最拥挤时,平均 1 m^2 要挤 13 个人,学生都"哇"了一声,由此导入课本新内容教学,从而调动和激发起学生浓厚的学习兴趣。

3. 比较教学法

把一些地理事物和另一些地理事物、这一地理现象与另一地理现象进行比较的学习。如在上"世界人口的分布"时,就可以运用比较教学法让学生对比"世界人口分布规律及其成因"。学生通过一系列的图表比较,使世界人口分布稠密区和稀少区的位置、规律、原因等，一目了然。加深学生对所学知识的理解和掌握。

4. 多媒体辅助教学法

近年来，地理教学中越来越多地使用计算机多媒体技术，这样可以使课堂教学在高质量图像显示、活动图解处理和使用、良好的声音效果等方面有大幅度的改观。如在"人口自然增长率"教学过程中，因为初一学生还没有接触过天平秤，不知天平秤左右方的关系，可利用多媒体动画来显示一个房子中人口出生数增加，人口死亡数减少来反映人口的自然增长率与人口出生率和死亡率的关系。学生通过动画直观形象地愉快地学习到相关的地理知识。

5. 图解直观教学法

在地理教学中，一般地理数据只是说明地理问题的一种手段，是无需记忆的。例如，教材中对"世界人口增长曲线"和"世界人口增长示意图"中的数据，就不必记具体数字，只要教会学生会运用这些数字进行分析，以揭示地理规律就行。而对图表的解读是找出规律的有效方法之一。

6. 发现教学法

布鲁纳认为："发现不限于寻求人类未知晓的事物，而是包括用自己头脑亲自获得知识的一切形式"。在"人口问题"教学中，可给学生一组世界土地、森林资源减少的数据和一组人类用水量、能源用量增加的数据，让学生自己从中发现问题，找出人口与资源的关系以及解决人口问题的措施。

7. 自学辅导教学法

以学生自学为主，辅以教师指导。针对课本阅读材料"不同的人口政策"，先让学生自己阅读并收集一些其他国家特别是欧洲发达国家的人口政策，交流讨论时，可让学生通过自家和社区的调查研究，来认识我国人口政策的实施成效和优越性。

8. 纲要信号教学法

在教学中将教学内容中的关键部分或主要方面提炼成教学纲要，学生围绕教学纲要来学习教材。如在"人口问题"归纳总结教学中，采用框图表达方式，绘制出直观的、提纲挈领的知识要点，使学生一目了然，加深对地理知识的理解。

【点评】

正如本讲"理论概述"中所述，把各种教学方法结合起来运用，才能兼顾到教材各部分的特点，使受教育者能在学习活动中更好地发挥自己的能力和才干，并找出最适合自己掌握知识的途径。任何一种教学方法在教学中都不能认为是最佳的方法。因此，在选择和运用教学方法时，要注意多种教学方法的相互渗透和补充，从而达到优化教学方法的目的。

资源链接

[1] 陈澄,夏志芳.地理学习论与学习指导.上海:华东师范大学出版社,2001.

[2] 王树声.中学地理教材教法.北京:高等教育出版社,1995.

[3] 郑耀星.地理教学与地理教学改革.上海:东北师范大学出版社,2002.

[4] 陈澄,段玉山.地理教学论与地理教学改革.上海:华东师范大学出版社,2001.

[5] 吴效锋.新课程怎样教.沈阳:沈阳出版社,2003.

[6] 闫承利.素质教育课堂优化策略.北京:教育科学出版社,2000 年.

[7] 陈能忠.新课标下的地理教学——新体验、新感受、新收获.新课程·中学,2007,(7):14.

[8] 廖惠荣.谈新课程理念下的地理课堂教学策略.淮南师范学院学报,2007,9(3):76-78.

[9] 夏仁义.试论初中地理教学的创新.甘肃教育,2007,(6):35.

[10] 柳青.新课程地理课堂教学的宏观设计.中小学教学研究,2007,(6):14.

[11] 教育部基础教育司、教育部师范教育司.地理课程标准研修.北京:高等教育出版社,2004.

教学反思

【反思文章】

新课程地理教学方法漫谈①(有删改)

地理新教材中课文、图像、活动或作业三大系统相互渗透,设置一些情景、引发一些问题、提供一些信息、安排一些活动、获得一些启示,但由于篇幅的限制,对基础知识的处理精而又精,对案例的处理也是点到为止。在教学中,只有在教师的指导下,充分利用好直观、具有感染力、视觉冲击强的图像以及本乡本土的

① 文章来源:《新课程教师版》2006 年第 1 期。作者:张凤安,山东巨野实验中学。

或具有适时性、实用性、真实性、针对性的案例，才能达到自主学习的目的。为了真正利用教材达成课程标准，教师应以本人的个性特色为基础，大胆、创造性地对地理教材“再组织”和“活化”以地理学规律为基础、依托认知规律、靠教学规律作保证，还要遵循革新性、稳健性和灵活性的原则。

新课程标准赋予地理教学的基本理念要求教师不仅要研究“教法”，还要从学生角度研究“学法”。就需要为学生架设生活与教材联系的桥梁，引导和调动学生的情感体验，关注学生的内心感受，注意培养学生对事物有正确的情感、态度。当教师把学生熟悉的生活“搬到”课堂上，让学生发现问题并思考问题的成因，教师就渐渐地从教学的台前退到了幕后，而学生的表现却是最活跃、最积极与主动的，学生成为教学中最活跃的因素，课堂舞台上真正的演员。

教学设计是最能体现教师的能力、知识和风格的教育研究活动，是授课教师教学经验、教学理论的积淀，反映的是教学活动与教学思想的联系。

与传统教学方法技术相比，电子多媒体技术以其广视角、高容量、强刺激、多变化、富美感等特色不仅有利于突出地理学特点，在激发学生情趣、丰富体验、启迪思考、加强教学效果方面更有独到优势。地理教师要积极创造条件，利用多媒体课件等手段，将课本的知识延伸，使学生在课本中的疑惑一扫而光。补充必要的及相关的内容，加入图片、录像等，为学生创设和谐情景，使学生有主动参与的胆量：创设生活情景，使学生有主动参与的需要。

有效的教学方法对地理教学起多种积极作用：一、易于引起学生学习兴趣，调动学生学习的积极性。二、便于学生学习地理知识，掌握技能。三、及时获得学生的反馈信息，利于教师随时调整教学进程。四、能密切教师与学生的关系。五、有效发挥教师能力与特长。

【反思探究】

使用多种教学方法，并不仅仅停留于表面形式，而是根据教学内容的特点来采用，不同的方法可以培养和锻炼学生各方面的能力，因此，只要掌控得当，不会影响到教学效果。

第10讲 现代信息技术在地理教学中的应用

思考研讨

1. 什么是3S,以及在地理教学中的应用?
2. 如何将现代信息技术与地理教学进行有机整合?
3. 现代信息技术在地理教学技术的改进中有何作用?

理论概述

当今世界,以多媒体和计算机网络技术为主的现代信息技术已日渐成为科学技术和教育领域的最重要的技术力量之一。信息技术的发展,不仅改变人们的生活和工作方式,而且对教育方式和学习方式产生巨大影响。现代教育技术日益普及,给传统的学校教学带来了新的活力,引发了教学方法、教学模式等一系列的重大变革。中学地理教学也是如此,地理这门古老的学科正感受着现代教育技术带来的冲击和震撼。我国现代教育技术已由过去的单媒体电化辅助教学,发展到现在的多媒体网络教学,其功能也从解决学习难点,发展为全方位提高地理教学效率,使教育发展为全程、全员、全面的现代化。地理学科的空间性、综合性和学科交叉性的特点决定了现代化教育手段必将在地理教学中发挥越来越大的作用。可以说,谁掌握了现代信息技术,谁就掌握了科技发展的主动权。我们地理老师有必要行动起来,学习信息技术,将信息技术与我们传统的教学有机整合,让信息技术为我们的教与学服务。

一、多媒体网络技术在地理教学中的作用

1. 培养学生的空间概念,符合地理教学的实践方向

地理事物存在于一定的空间,地理现象的发生、发展、变化离不开空间和时

间。学好地理知识的关键之一就是建立空间概念,并由此而产生空间分布、空间结构、空间联系的概念,从而进行空间想象与空间思维活动。培养学生的空间概念是地理教学中的重要环节,也是地理教学的一项职能。在帮助学生建立空间概念的教学过程中,现代教育技术大显身手,与传统教学技术相比较,可以说是事半功倍。

地理事物存在于三维空间,而在传统的地理学上,这个三维空间的载体却是二维平面的,主要是各种地图。于是,学生在建立空间概念进行空间想象与空间思维活动时,需要在脑海中将平面的载体转化为三维空间。这种平面与立体之间的转化对于初学者来说有一定难度。比如,在进行等高线图的教学中,虽然用模型进行等高线图的教学能起到一定的作用,但效果不很明显,但使用3DMAX或者Flash软件制作用于等高线图教学的CAI课件,此课件可以清楚地演示立体的地形和平面的等高线图之间的转换,学生看了一目了然,不需要教师多费口舌。又如对天体系统教学,学生谁都谈不上有感性认识,但使用一部叫《天问》的教学光盘,来介绍许多天体的照片与资料,学生看过之后,很容易就能产生对宇宙空间的感性认识,进而加深理解和记忆。

2. 有助于学生从整体上了解地理知识体系,符合地理的学科特点

在正常的教学过程中,教学是围绕一条主线开展的,有的时候在说到某一个知识点的时候需要联系到其他的知识点,这在传统的教学方式下无法做到。但是,利用计算机多媒体技术,直接提取出要使用的知识点,来开拓学生的知识视野,进而融会贯通所学的知识,有助于学生从整体上了解地理的知识体系。

另外,地理学与其他学科相比具有广泛联系实际的特点。在人类周围有不同层次的环境,有宇宙环境、地质环境、地理环境、生活环境,其中地理环境是人类进行物质、能量交换的最主要的场所,是人类唯一赖以生存的地方。因此,人地关系理论是地理学的基础,地理学的主要任务也就是研究人类与地理环境如何协调发展。传统地理教学的一个重要环节就是野外考察与区域调查研究,但鉴于学校的实际情况,这种走出校门的考察与调研是相当有限的。"中国地理"的教学走出校门尚且可以做一些,"世界地理"的教学走出国门可能性就很小。这时候地理电影片、录像等视频教学资料就可以发挥重要作用了。大江南北、世界各地近在眼前,身在教室,放眼世界,各地风光、地理景观、民俗文化语言都可以与学生亲密接触。另外,有许多地理现象不仅需要野外考察,还需要适合的条件和足够的时间,利用现代教育技术就可以较好地解决问题。比如台风的形成,可以通过卫星云图来进行直观的教学。再比如河流的变迁,这是一个漫长的过程,利用计算机模拟演示,学生就能够比较全面清楚地了解全过程。

3. 积极发展学生的地理思维能力,符合教育现代化的素质化要求

地理思维是地理学习的核心活动。所谓地理思维是人们根据思维的共同规律,通过考查地理事物或现象,把握地理事物的本质,揭示地理事物的内部联系,认识其规律性。比如认识区域地理特征的思维模式就经历以下几步:建立空间概念—分析自然要素特征—综合自然地理特征—分析人文地理要素特征—综合人文地理特征—综合区域地理特征。在这整个过程中要接触许多的地理媒介。通过现代信息技术指导学生抓住地理景观要素之间的联系,启发学生认识地理事物的整体性。学生通过分析、判断地理现象,提高对地理本质的认识;通过综合概括地理现象,培养较为严密的思维方法;通过对照、比较地理现象,提高地理区域差异性认识。

另外,培养学生的地理思维能力,首先要培养学生的分析能力,其次是综合能力、比较能力,以及抽象与概括能力。要达到这些目标,必须在教学过程中提供给学生大量的丰富多彩的地理信息。多媒体网络技术能有效地创设出接近真实的地理事实情景,将原汁原味的地理信息呈现在学生眼前,让学生带疑观察,老师引导学生探究可能出现的结果,让学生自己去发现问题,独立解决问题。让学生充满好奇地思考、探索,从而激发学生的创造性思维,利于学生创新能力的培养。

4. 提高学生自主学习地理知识的能力,符合素质教育的要求

在新的地理课程改革下,知识的记忆将不再是最重要的教学目的,让学生掌握信息的获取、检索、表达、交流技能成了学校教学的重要组成部分。以互联网为核心的网络技术日益普及,并深入到学校教学的各个环节,给传统教学带来新的挑战。学生已不满足于教师的讲解,而产生了自主学习的愿望和要求,因为通过网络他们能获得更多的信息。

例如,在讲授"北非"这个章节时,让学生自主进行探索性试验,要求学生以学习小组为单位,通过互联网查找有关北非的资料,完成一部介绍北非的幻灯片。在这一过程中学生的学习积极性很高,他们有的以北非的民族宗教为主题,有的介绍北非的物种特产,还有的介绍北非的音乐、文化等。从人文到自然,每部幻灯片主题内容各不相同,而且制作都很成功。通过相互交流展示,学生对北非各个方面都有了一定的了解。学生们从自己的视角展开学习,主动性贯穿了整个学习过程。

二、多媒体网络技术在地理教学中的应用优势

多媒体网络技术丰富的画面、文字和声音等视听信息,不但提供了更多的学习内容,而且形象和有效地帮助学生记忆、理解和思考。一些适当夸张的视觉和听觉信息,刺激学生接受信息的器官,引起学生的兴趣和注意,也能增强教学效

果。而且多媒体易于反复演示,重点内容可以强调突出,有利于反应和理解能力弱或注意力不集中的学生接受知识,比教师单纯用语言表达更易使学生记忆、掌握。

例如,在传统的教学过程中,一堂课不可能带很多地图,也没有多少时间更换教学挂图,而且一般的地图的图幅比较小,坐在后排的学生看不清挂图,甚至有的同学找不到方向,这样利用挂图进行教学的效果怎样不言而喻。在进行区域地理教学的过程中,为了让他们找一些重要的地理事物需要花费很长的时间,一堂课下来学不了太多的知识。但是,利用计算机及多媒体技术就不同了,通过大屏幕及相关的软件,在课前先把所要用的地图存入计算机中,在教学过程中指导学生先看大屏幕,教师可以随意放大或缩小所要展示的区域,然后让学生在自己的地图册上去对照查找,事半功倍。

多媒体网络技术的信息传递功能强大,大大地提高了课堂教学容量。多媒体教学的操作优点是多种媒体交互使用,迅速而方便。通过计算机操控视觉和听觉信息的收发,速度快,操作灵活。多媒体教学不但体现传统单媒体的功能,而且通过三维影视可以宏观纵览地理环境,可以微观放大展示地理构造、特征,使地理课堂比较生动和直观地模拟地理现实。地理教师可根据教学内容进行交叉、重叠或反复使用不同的媒体。

多媒体网络技术使学生获得了丰富而直观的教学信息,获得较佳的教学效果。如讲西北地区内蒙古草原时,放一曲《草原上升起不落的太阳》和一段草原放牧的影视,不仅加深教学内容的学习,还调节了课堂气氛,让学生自然而然地产生对祖国河山的热爱,使课堂教学达到最佳状态。讲述高中地理"理想大陆"自然带分布图,用多媒体的幻灯和影视功能教学,交互运用自然带的分布图、图片和三维影视,可以一边展示自然带,一边进行相应的分析、综合和提问等教学活动,让学生获得理性的知识。

多媒体网络技术使媒体转换更方便迅速,可代替教师现场的讲解、板书和演示,练习、复习时,可把平时讲课的课件复制修改成含重点内容而简练的课件,非常方便。尤其对重复授课多的地理教师来说,多媒体教学减轻了教师重复、繁杂而机械操作的劳动。教师可以腾出更多时间和精力进行具体的地理学习方法指导,调控教学进度、组织讨论和即时解答反馈的问题,扩大其他方面的素质教育。

三、多媒体网络技术给地理教学带来新的要求

(一)运用现代教育技术成为地理教师必须掌握的基本技能

现代化教学手段不但使课堂教学的形式发生了深刻的变化,而且对教育的主导者——教师的要求也更高。我们地理教师要学会收集整理大量教学素材,

为课堂教学运用多媒体技术创造出高质量的视听产品。课堂教学课件应是由教师根据教学需要,采用集体创作的高技术多媒体模块,结合自身特长和经验,编辑出可随时修改的课堂教学课件,要尽可能采用易于操作的计算机软件设计课件,教学课件要从符号、图形、色彩、声音、节奏等多方位的视觉和听觉心理功能进行设计和开发,还要根据不同教学内容和环节选择最合适的媒体。这些产品具有即时教育性、教师个性、交互性和因材施教的特点,是市场的多媒体产品不能代替的。优质课件并不单是课件的先进设计技术和良好视觉听觉效果,而是把教学内容、学情、经验与课件设计技术结合调节到最佳状态,从而使教学原则和素质教育达到较完美的体现。

教学环境由单纯课本、挂图和师生等组成转变为由多媒体、教学软件、计算机网络设施、社会环境、计算机文化、网络文化、计算机网络课程、网站的开发及管理人员、教师等人员组成;但每个教师都学会制作复杂和高难度的多媒体教学产品是不可能的,这就需要教师群体分工合作来建造多媒体教学产品和资源库。因而地理教师要相互协作,体现教师的合作精神,同时又要合理分工负责课件的基本板书、课件的教学模块(即以教学内容分类索引的图片、视频资料片段)、题库,发挥教师的各自特长和智慧,创造出高技术品质、能体现教师丰富教学经验、具有创新特色的多媒体教学产品,减轻个体劳动强度,实现教育资源共享。

多媒体教学促使地理教师用更多的时间去开发多媒体教学的广阔前景。地理教师要树立新的教学理念,恰当运用多媒体网络教学,要有效控制多媒体网络、控制课堂。不仅要构思地理知识的结构编排,还要应用声乐和美术知识来设计课件,以便达到较完美的视听效果。要用普通教育学、视听心理学和素质教育理论,合理设计动画效果,安排教学活动环节,使课件表现形式与教学内容完善统一。在课堂教学过程中运用经过自己设计的教学产品,才能得心应手,师生交流才能融洽,达到最高境界。

现代化信息教育的时间在延伸,空间在扩展,学生的学习和地理教师劳动的时间和空间也随之延伸和扩展,教师劳动强度更大,综合素质要求更高,职能向多方面发展。

(二)要求学生动脑动手,培养创新精神和实践能力

1. 要求学生自觉学习

在学校计算机网络教育系统中,学生可以提前进入信息世界,随时取阅教师教案,进入各类资源库,学习自由度和活动空间加大,获取和处理信息能力得到培养。多媒体网络教学一个突出的特点是具有诊断评价和反馈功能。在课件的制作过程中设计的许多形成性练习问题,需要学生作出反应。例如,“太阳直射点的移动”这部分内容,问题是:“今天太阳的直射点在南半球还是北半球?与昨天相比太阳直射点的移动方向怎样?”再如“正午太阳高度的变化”,分别设计了春分日、夏至日、秋分日、冬至日四幅光照图,设置的问题是“二分、二至日正午太阳高度的分布规律是什么?”然后要求学生用一句话把上述结论概括起来。通过类似问题的提出和解答,不仅可以使学生进行思考与操练,也可以了解学生的学习情况,并作出相应的评价,及时指出错误,肯定正确,作出评价,使学生对学习内容加深理解并得到巩固。在突出基础知识教学的同时,还可以设计一些略高于教材,但源于书本的练习。例如,“我们使用的公历每几年设一个闰年?为什么要设置闰年?”“假设黄赤交角等于0°,昼夜长短和正午太阳高度角将怎样变化?”“假设黄赤交角等于90°,太阳直射点又将怎样移动?昼夜长短和正午太阳高度角又将怎样变化?四季将怎样更替?”等等。这些问题的提出,不仅可以帮助学生加深理解和巩固知识,而且能够培养学生的创新精神和实践能力。

2. 要求学生提高课堂学习效率

这是多媒体的多功能直接带来的,也是教师的教学手段和方法变化促使学生调整学习状态带来的。多媒体教学速率明显加快,教学环节和信息变换频繁,学生必须作出快速反应。教师在设计教学课件时,应该提示学习环节,如做笔记、看图、阅读、思考、活动,设计好自动播放的时间,留有足够的学生活动时间,让学生尽快适应新的课堂教学模式。

3. 要求学生具有一定的上网技能和初步的制作技能

在学习中,学生发挥各自的优势,共同参与、相互协作,通过查找、观察、研究、讨论、整理等环节最终得出相关的知识结论,在这个过程中最重要的是学生自主参与过程,而现代信息技术使这一切不用走出校门在课堂上就可以进行。学生还能通过互联网上传自己的小论文、图片、影像、动画,参与学校的地理信息库的建设。

“学习是获取知识的过程,建构主义认为,知识不是教师传授得到的,而是学习者在一定的情境即社会文化背景下,借助于其他人(包括教师和学习伙伴)的帮助,利用必要的学习资料,通过意义建构的方式获得。由于学习是在一定的社会情境即社会文化背景下,借助于他人的帮助即通过人际间的协作活动而实现意义构建过程,因此,建构主义学习理论认为‘情境’、‘协作’、‘会话’和‘意义构建’是学习环境的四大要素或四大属性。”(何克抗,1998)学生们充分的参与和交流,不但使学生的自身知识得到丰富,而且激发了学生的学习创新思维,从而提高学生的地理学习能力。

四、现行地理教学中多媒体应用存在的问题与对策

1. 容易混淆教学主体与多媒体的关系

在教学活动中,学生是学习的主体,教师则是教学设计、课堂引导的主体,多媒体仅是为收到良好教学效果而使用的一种手段,它起辅助作用,绝非决定作用。现实教学过程中却容易出现多媒体唱主角,老师和学生则是衔接者和看客。如果盲目依赖多媒体,所有的教学环节全部使用课件演示,则教师已不再是知识的传授者,而成了现代化教学设备的操作者,学生只顾观看,无暇思考与练习,就偏离了地理教学使用多媒体的初衷了。

因此,地理教师在教学过程中,应充分发挥教师的主体作用,合理设计教学环节,恰当地选用多媒体来进行辅助教学,着眼于优化教学过程,着眼于与学生的互动交流,着眼于学生和谐发展为目标。

2. 课件注重美观,轻视实效性

现实中很多课是通过多媒体的声、光、色等多种信号刺激,有效地吸引学生的注意力。课件制作很漂亮,场面看着也热热闹闹,课堂的氛围也很好,可在课后的学习反馈中,发现学生都不记得学什么了,只是感觉很有意思。如果不顾教学实效,无序、随意地使用多媒体,课件插入过多的漂亮图片、动听音乐,实际上就会分散学生的注意力,打断学生思维的连续性,冲淡课堂教学的主题,不仅不能辅助教学,反倒会影响教学目标的实现。

课堂教学的最终目标是通过参与学习过程,获得新的知识与技能,掌握学习新的方法,丰富情感态度与价值观,融合与他人的关系等。地理教师使用多媒体必须把握恰当时机,寻找最佳切入点,可以在突出重点、解决难点的关键时刻切入,可以在从直观到抽象、从形象思维到抽象思维的过渡中切入,保证教学过程简练,突出难点。因此,制作课件要避免“花哨”,少而精,忌繁杂,求简练,决不能被多媒体所左右,不能成为多媒体的奴隶,这样才能让多媒体更好地为教学服务,提高教学的实效性。

3. 注重容量不求难度

多媒体的优势之一是可以节省课堂教学时间,便于充实教学内容,使课堂容量增加。这对地理教学尤为有利,可以解决学生初中地理基础薄弱的难题,且课堂时间多有盈余。

由于多媒体等现代信息技术为教师的课堂教学腾出了大量板书、作图的时间。有些教师利用这些时间,盲目上量,一味求多、求全,想把所有涉及的知识都压缩在一节课内,这样的“压缩饼干”不利于学生消化,只会让学生分不清主次,囫囵吞枣。一节课就这样在师生的忙忙火火中结束,没有思索的空间。在教学中,我们应当根据学生已有的知识经验、认知结构、实际水平等量体裁衣,协调好容量与难度的关系,做到课堂容量适中,难度适宜,可以把节省的时间留给学生思考、讨论、探究,留给老师对个别学生进行针对性辅导,从而更好地提高课堂教学效果。

五、关于“3S”技术在地理教学中应用的思考

（一）GIS 技术及其在地理教学中的应用

1. GIS 技术简介

地理信息系统(GIS)是 20 世纪 60 年代中期发展起来的新技术,至今已 40 多年,始终发展迅猛。国内外学者由于对 GIS 技术研究视角、应用目的的不同,所给出的定义也不尽相同,例如,美国学者 Parker 认为:“GIS 是一种存储、管理、分析和显示有关地理现象信息的综合系统”;加拿大的 Roger Tomlinson 博士认为:“GIS 是全方位分析和操作地理数据的数字系统”;我国陈述彭院士认为:“GIS 是在计算机软硬件支持下,把各种地理信息按空间分布或地理坐标,以一定格式输入、存储、查询检索、显示和综合分析应用的技术系统”。虽然这些学者对 GIS 的定义不尽相同,但都认为 GIS 具有数据的采集、管理、处理、分析和输出等基本功能。目前,GIS 广泛应用于国民经济的各行各业,如环境评估、灾害预测、国土管理、城市规划、邮电通信、交通运输、军事公安、水利电力、公共设施管理、农林牧业、统计、商业金融等几乎所有领域。

2. GIS 技术在地理教学中的应用

在中学地理教学中,GIS 技术可将复杂的自然景观、地理现象的空间分布甚至抽象的概念用三维的、动态的、直观的方式表现出来,将地理教学中不易明察与掌握的内容通过虚拟场景来展现,提高教学效果。

如 GIS 在地貌演变方面的应用。在地貌教学中,褶皱和断裂的形成是比较抽象的内容,传统的平面、静态的教学方法难以达到满意的教学效果。而 GIS 技术能把漫长的地貌历史演变过程在瞬间完成,使用 GIS 技术的真三维显示与动态模拟功能,模拟岩石受力及相关地貌的形成过程与结果,如岩石受到强大压力和张力时会发生断裂,并沿断裂面有错动或位移的现象,相对上升一侧地貌表现为断裂山或高地,相对下沉的岩石地貌表现为裂谷或低地。受内力作用,岩石在水平方向上受挤压导致褶皱;受外力作用,背斜中心岩石易被侵蚀形成谷地,向斜中心岩石坚固不易被侵蚀形成山,形象地展示了“背斜成谷,向斜成山”的过程。使学生对所学知识有较形象的理解。又如在天体运动的教学中,一般教学挂图三维效果不突出且缺乏动感,不易掌握其运动规律,通过 GIS 的二次开发子系统,建立场景,制作太阳、地球、月球以及地球及月球的运动轨迹,指定月球和地球的链接,进而完成天体的运动制作与飞行漫游,从而具体地模拟出天体的运动规律。教师在此基础上进行讲解,调动学生观察思考的积极性,容易使学生产生强烈的求知欲望,收到事半功倍的效果。

（二）RS 技术及其在地理教学中的应用

1. RS 技术简介

遥感（RS）是20世纪60年代发展起来的对地观测的综合性技术，它是指应用探测仪器，不与探测目标接触，从远处把目标的电磁波特性记录下来，通过分析，揭示出物体的特性及其变化的综合性探测技术。经过40多年的发展，遥感技术已成为一种影像遥感和数字遥感相结合的先进、实用的综合性探测手段，被广泛应用于资源、环境、地质、地理、气象、海洋、农业、林业及军事侦察等各个领域。

2. RS 技术在地理教学中的应用

在中学地理教学中，RS 技术可广泛地应用于辅助教学，提高教学效果。通过遥感监测案例及其影像，帮助学生对地球环境进行立体观察，帮助认识全球环境的整体性与变化过程。例如，利用遥感影像帮助学生了解全球温度变化、温室效应。美国宇航局（NASA）以遥感手段获得全球臭氧的分布，每年在网络上发布南极臭氧浓度分布合成图，这些材料是辅助讲授全球臭氧分布及异常变化等全球变化的极好素材。

在讲授城市、区域或全球生态环境问题时，可以借助遥感影像帮助学生了解植被分布、土地利用及分布，提高学生宏观观察、分析能力。例如，利用遥感在毁林过程监测、全球森林分布变化监测等方面的实例及影像，辅助讲授全球植被覆盖变化；利用遥感在土地利用普查中的实例和影像，辅助讲授土地利用和农作物分布；利用遥感在城市生态监测、绿化率调查的实例和影像，辅助讲授城市环境与生态等。

（三）GPS 技术及其在地理教学中的应用

1. GPS 技术简介

全球定位系统（GPS）是美国国防部为满足军事部门对海上、陆地和空中设施进行高精度导航和定位的要求而建立的，于20世纪70年代初开始设计、研制，1993年6月建成。GPS 主要由空间星座、地面监控系统和用户接收机三大部分组成。空间星座包括21颗工作卫星和3颗备用卫星，分布在6个等间隔的轨道面上，每个轨道面上分布4颗卫星，卫星轨道接近圆形，运行周期为11 h58 min。地面上每个观测站上每天出现的卫星分布图相同，这样的布局保证了在地球上和近地空间任意一点、任意时刻均可至少同时观测到4颗 GPS 卫星。GPS 具有全球地面连续覆盖、功能多、精度高、实时定位速度快、抗干扰性能好、保密性强、全天作业、操作简便等优点，目前在精确导航和精确定位方面得到了广泛应用。

2. GPS 技术在地理教学中的应用

在地理教学方面，GPS 可以辅助讲授地图、计算机制图的发展；辅助讲授现代农业的发展（例如，GPS 在“精细农业”中的应用）；辅助讲授现代交通的发展（例如，GPS 在智能交通中的自动导航作用）；辅助讲授天气与气候（例如，GPS 在大气物理观测中的应用）；辅助讲授地球研究进展（例如，GPS 在地球勘探、变形监测中的应用）；辅助讲授海洋地理（例如，GPS 在远洋航线设定与监测、船只调度与导航、海洋救援、海平面升降监测等的应用）；辅助讲授宇宙、太空知识（例如，GPS 在飞机导航、航空遥感控制、卫星定轨、导弹制导、航空救援等的应用）等。

案例分析

【案例】

地理现象的发生、发展、变化离不开空间和时间。学好地理知识的关键之一就是建立空间概念，并由此而产生空间分布、空间结构、空间联系的概念，从而进行空间想象与空间思维活动，学生一般都能较容易建立空间概念。例如，黄赤交角引起太阳直射的位置移动，历来是地理教学的重点和难点。传统的教学方法效果一直不理想，而利用现代信息技术中的多媒体来设计一个三维动画，用两个平面分别代表赤道面和黄道面，使它们沿着一定的角度分别切入旋转的地球，再显示黄赤交角的度数，学生有了感性认识，就便于理解和记忆了。

【点评】

有一些地理知识是学生感觉比较陌生的，没有感性认识，学习起来就不容易理解，现代教育技术能化远为近，化虚为实，化抽象为直观，从而大大提高了教学效率，提高了教学质量。

资源链接

[1] 宋成栋. 现代教育技术全书，北京：中国华侨出版社，1999.

[2] 刘林，张健生. 网络环境下的地理教学初探以专题课《丝绸之路》一节为例. 广西教育，2003，(9).

[3] 孙家镇. 谈清华同方《电子教学地图编辑系统》的设计思想. 中学地理教学参考. 2003，(7-8)：110-111.

[4] 郑海光. 浅谈计算机辅助地理教学的软件系统和优势特点. 中学地理教

学参考.2002,(11).39-40.

[5] 吴儒敏.基于网络超越网络.中学地理教学参考,2003,(6):59-60.

[6] 陈述彭.地理信息系统导论.北京:科学出版社,2000:1-13.

教学反思

【反思文章】

基于计算机网络的地理研究性学习①(摘录)

在学生信息能力培养的准备阶段,我们给学生留了一项重要的寒假作业:以小组合作的组织方式,制作一个PowerPoint演示文稿,内容是介绍一个"我喜欢的地理网站",并且把其中部分优秀的作业放在网站的"作业精品"栏目中展示,从情感的角度激励学生的学习兴趣。这样做可以使学生熟悉如何上网,如何带有明确目的地在网上检索地理信息,使学生的地理信息检索能力的得到初步训练,为下一步的地理研究性学习做有效的准备。

在研究性学习的过程中,学生可以通过网站中教师和往届学生提供的研究方法,学会有效地获得第一手资料,使学生的实践能力得到直接的训练。而任何研究都需要间接资料的掌握,包括第二或第三手资料,而网络对收集间接资料提供的支持是十分强大的。在网站的"网站导航"栏目下,提供大量的分类地理网站的超级链接,为学生提供异常丰富的地理资料源。在此栏目引导下,学生可以进行迅速有效的资料收集工作。有的学生在自己论文的参考文献索引中,标注着我们推荐的地理网站。这说明我们的网站在培养和训练学生的地理信息素养方面是有效的。这种做法也符合学生的年龄特点,减少学生在网上查阅资料时受有害信息的干扰。

【反思探究】

在现代信息技术迅速发展的今天,网络不仅为学生提供丰富的资料源,而且向学生介绍资料收集整理的方法。网络提供的资料可以协助学生作出大胆的、甚至是很有创意的假设;还可以协助学生非常有效地印证自己的假设。在这个过程中学生为印证自己的假设,学会有明确目的地提取信息,处理信息,有效地利用地理信息。这样对提高学生的地理信息素养和学习实践能力非常有效,但也对教师和学生提出了更高的、综合的要求。由于教师和学生对现代信息技术

① 北京师范大学附属中学"地理研究性学习与网络技术整合研究"课题组,组长为崔准。

的掌握运用能力参差不齐,在实际的教学过程中该如何协调以同步完成教学任务,这应该根据不同的地区、不同的学校现实情况来进一步探究,让现代信息技术合理有效地应用到新地理课程教学中。

教学评价篇

- 地理教学评价的发展及转变
- 地理教学评价的主要内容
- 地理教学评价的指标与方法
- 地理教学评价的改革与思考

第11讲
地理教学评价的发展及转变

思考研讨

1. 地理教学评价与传统的地理教学测量有何异同？由此了解地理教学评价的重点。

2. 教师在新课程实施下的地理教学评价中的角色有了怎样的变化？

3. 新课改下的教学理念是什么？

理论概述

现代教育理论认为没有评价就没有教育；没有科学的评价就没有有成效的教育；没有先进的教育理念指导评价，就没有现代化的教育。地理教学评价是检验地理教学的重要手段，在实现高中地理教学目标、促进高中地理教学改革、提高高中地理教学质量以及保障“教”“学”的和谐统一方面都有着重要作用，随着新课程的实施，地理教学评价也发生了相应的变化，并在不断地发展完善中。

一、教学评价的概念

高中地理教学评价是指根据一定的地理教育目标，运用多种科学可行的方法或手段来系统地搜集、分析、整理信息资料，对地理教学活动中的对象、过程以及结果进行价值判断，从而为学生全面发展和教育决策服务的过程。

地理教学评价是地理教学过程中不可缺少的重要环节。通过地理教学评价，可以把握地理教学的现实状态，并在对地理教学现实状态深刻分析的基础上，获得地理教学的反馈信息。教师和学生可根据这种反馈信息作出相应的教学对策或学习对策，促使地理教学按正确方向进行，有序地达到既定的教学目的。地理教师要善于运用评价去调节和控制地理教学过程，不断提高地理教学质量。

地理教学评价不同于地理教学测量，教学测量是教学评价的基础或重要依据；教学评价又是教学测量过程的延续，是对测量结果的解释和应用，是对地理教学测量的深化和发展。两者的区别是：前者是一种价值判断过程，是评价者对被评价者（教师对学生）一定的目的、需要、意图、愿望满足程度的判断过程，是关于客观对主体的效用的判断过程，是一种定性与定量相结合的评价活动；后者是一种事实判断过程，即是对地理教学过程中教师或学生的教与学的活动及其结果进行客观描述的过程，是一种定量的评价活动。比如说某学生先后两次的地理考试成绩都为75分，若从地理教学测量角度看，两次考试成绩没有发生任何变化，说明他的地理成绩是稳定的；但从地理教学评价的角度分析，就要研究分数以外的因素。如将该生置于被评价学生群体中，根据学生群体的平均成绩（假如第一次和第二次分别是60分和80分）就可以判断该生地理成绩的变化。因此，教学评价是在教学测量提供数量事实的基础上进行的综合分析，据此对被评价者作出全面而准确的价值判断。

二、过去的奖惩性评价及弊端

1. 对教师教学的评价

很长一段时间，我国的教师评价工作处于探索阶段，基本上还是沿用传统的教师评价制度（又称“奖惩性评价”）。这种评价制度一般是由教育主管部门或学校事先确定好评价内容和标准，再将每个教师逐条对照检查、记分，根据分数高低对教师进行等级划分，做出解聘、降级、晋级、加薪等决定，以奖惩作为评价的目的。奖惩性评价曾调动过地理教师的工作积极性，但随着地理课程改革的进程加快，其弊端明显表现出来。

其评价方向主要面对地理教师过去的行为表现，以近期或短期结果为评价对象，忽视地理教师的发展性，容易滋生虚伪行为，以奖惩为目的，使教师之间产生矛盾，也容易挫伤基础较差教师的自信心和奋发向上的积极性。其评价内容缺少促进学生全面发展的素质类指标。教师教育的主阵地是课堂教学，课堂教学评价是教师评价中的重要组成部分。以往课堂教学评价主要关注教师的课堂表现，如教师的言语表达是否流畅、教师的板书设计是否合理、教师的情感投入是否具有感染力、教师的教学思路是否清晰，以及教师的教学设计结构是否合理、详略是否得当等，即使关注到学生的行为表现，也基本上被看成为教师“教”的点缀。这种课堂教学评价表现出“以教为主，学为教服务”的倾向。其评价动力主要靠外在的行政压力，在一定程度上压制了教师的主动性和创造性，难以调动教师全员参与的积极性，不能有效提高教师改进教学实践等方面的能力。

2. 对学生学习的评价

我国传统的学生评价带有很强的功利性。第一,过于强调评价的甄别和选拔功能,忽视用动态的评价去促进学生的发展,注重用各种考试分数排名次等做法来甄别学生,使相当多的学生品尝失败的痛苦,严重地挫伤了他们的自尊心和自信心,容易消磨掉内在的学习动机。第二,以终结性评价为主,过于强调以地理知识与技能为主的学业成绩,强调对地理学习结果的评价,而忽视对学生参与学习过程的积极性、主动性、创造性等方面的评价。第三,重视地理书本知识学习评价,忽视对学生生活体验和经历的整体性评价。重视学习中的智力因素,忽视学生学习地理能力、过程与方法、情感态度与价值观等因素。第四,重定量评价轻定性评价。过于强调量化成绩,以细小的分数差异来确定学生的不同发展水平,忽视了学生在学习过程中参与活动、设计、实验、制作、讨论和交流等方面能力发展的评价,这是一种静态的、不符合学生发展情况的不公正评价方式。第五,重视自上而下、以教师和管理者为主宰的他评,学生在评价过程中处于被动地位,家长也无法参与评价过程。第六,重共性轻个性。过于强调标准化,使学生地理学习和思维方式都统一在标准答案上,忽视了学生学习和认知方式的独特性和差异性,妨碍了学生的全面发展。

三、新课程下地理教学评价的要求

1. 对老师评价的要求

新课程的出现使地理教学评价的基本理念和设计思路都发生了较大的变化,提出要建立促进学生、教师和课程不断发展的评价体系——发展性评价体系,即"以学论教,教为了促进学"的理念。倡导构建基于现代信息技术的开放式地理课程,注重培养学生的地理学习能力、地理实践能力、主动的学习态度和创新意识,以及在地理学习过程中表现出来的态度、情感和价值观等。新课程的教师评价体系既关注教师的行为,也关注教师如何促进学生的学习。如教师如何组织并促进学生讨论、教师如何评价和激励学生的学习、教师如何激发学生学习的热情和探究的兴趣等,来评价教师教学行为表现对学生的"学"的价值。因此,新课程关注学生在地理教学中的表现应成为教师教学评价的主要内容,包括学生在课堂上师生互动、自主学习、同伴合作中的行为表现、参与热情、情感体验和探究、思考的过程等。通过了解学生在课堂上如何讨论、如何交流、如何合作、如何思考、如何获得结论及其过程等学生的行为表现,评价教师教学的成败。

过去教师对奖惩性评价方式普遍抱有怀疑、惧怕、憎恨的心理,有时甚至会公开抵触,这直接影响评价的发展性功能。《基础教育课程改革纲要(试行)》(教育部,2001)指出:"建立促进教师不断提高的评价体系。强调教师对自己的教学行为的分析与反思，建立以教师自评为主，校长、教师、学生、家长共同参与的评价制度，使教师从多渠道获得信息，不断提高教学水平。”这是注重中学地理教师发展性的一种评价理念。这与奖惩性评价相反，其方向是立足现在，面向未来，是一种形成性评价，注重对地理教师教学行为的过程进行评价，重视教师的个体差异，旨在谋求地理教师的发展，提高教师队伍的整体水平，改善学校办学质量，促进学生的全面发展。

2. 对学生评价的要求

地理学习评价不能只局限于对学生的认知发展水平进行评价，更要关注综合评价学生在情感态度与价值观、创新意识和实践能力等方面的进步与变化；倡导学习结果与学习过程的有机结合，既关注对学生地理基础知识与技能的理解和掌握的现实状况进行评价，更关注对学生在地理学习过程中的参与状态、学习方式、思维方式以及学生在学习过程表现出来的学习主动性、创造性和积极性等进行评价。

地理新课程的评价理念是一种发展性学生评价理念，是为学生身心的健康发展提供诚挚帮助，以学生素质的全面提高为最终目的的评价。高中地理新课程标准下的评价理念采用多元化的评价目标、内容和方法，促进学生达到学习目标，关注学生在学习过程中的变化与发展；在关注共性的基础上注重个体的差异发展，注重学生在评价中的作用，关注学生情感态度与价值观和行为的变化；强调评定问题的真实性与情景性，提倡多种评价手段、评价方式和多元评价目标；有机地将终结性评价与形成性评价结合起来，给予多次评价机会，注重激励性评价，培养学生的自信心和自尊心。

新课程标准强调要注重学生成长发展的过程，其目的在于促进评价对象的发展，鼓励将评价贯穿于日常的教育教学行为中，使评价实施日常化、通俗化，如口头评价、作业评价、成长记录袋等，体现评价过程的开放、平等、民主、协商特点。

四、教学评价的转变要适应新的课程改革

1. 教学目标的转变

传统高中地理教学侧重对地理事物的空间运动和空间演变规律的介绍，高中地理教学目标的评价方式主要是单元测验、学期考试，着重评价学生对地理基础知识的掌握和读图填图能力的提高。就学习方式而言，学生只是机械地听老师讲，记笔记、画重点，很少出现积极提问、努力思考的现象；就学习态度而言，认真学习就是看书、做练习题，从书本上寻找试题的答案；就学习效果而言，唯考试分数看效果，为了提高分数而在课程复习时常常猜题、压题，忽视了知识系统性。

即"教师教课本,学生记课本,考试考课本"的教学,使学生对课本上介绍的知识背得滚瓜烂熟,书本以外的东西不想学、不会学;把课本知识当做绝对真理,没有自己的观点和理解,因而难以形成创新思维能力。这是一种重终结性评价而轻形成性评价的单一标准。教师扮演的角色是课程分数的评判者,重表面课程分数而轻内在主体性人格思维培养,把学生生动活泼的个性也抽象成一组组僵硬的数字,很难真正检测学生对知识的理解深度和思维的敏捷程度。甚至泯灭了学生学习过程中的创造欲望和成功亮点,遏制了学生思维能力的锻炼和创造性才能的发挥。

新课程标准既注重基础知识、基础理论框架的构建,又注意让学生基于其原有的知识经验系统,形成灵活的、系统性内化的、在多角度和多层面丰富理解的基础上整合的经验知识系统,注意知识的应用性和发展性。教师的角色也由学生成绩的评判者转变为学生自主性学习和发展的促进者、引导者,其职责在于给学生提供发现自我、表现自我的机会,通过评价使学生形成自我意识、自我教育、自我进步的能力。为了适应当代社会生活对学生人文素养提出的新要求,新评价目标还特别注重学生社会实践能力的培养,鼓励学生之间的合作与竞争,它是一种具有广阔发展前景的教学评价新理念。

2. 新课程下教学理念的转变

(1) 观念改变,注重发挥评价的诊断、激励和发展性功能,关注学生全面素质的提高

地理教学中基础知识的掌握、基本技能的培养是学习的基础,但一元化的评价目标势必将学生的学习行为引向单纯背记理论知识点之上,导致"考前硬记,考过忘记"的恶性循环,不符合素质教育追求提高学生能力的要求。新课程标准注重考查学生综合素质,关注学生地理课业成绩的同时,更关注学生创新精神和实践能力的发展,以及良好的心理素质、学习兴趣和积极情感体验等方面的发展,全面综合评价学生在情感态度、价值观、创新意识和实践能力等多方面的进步与变化。还要尊重学生的个体差异,注重对个体发展独特性的认可。通过给予全方位的积极评价,发挥学生多方面的潜能,帮助学生认识自我、拥有自信。考查手段在量评基础上实施质评,既考查认知层面,也考查行为层面,体现了对学生全面素质的综合测试。

(2) 评价内容改变,在关注学生地理能力生成的同时,更关注学生素质与潜能发展

高考制度的存在使得很长一段时间以来,学生为了考上好大学,教师为了在学年评价中获得好等级、好声誉,两者都将教学评价活动直接指向高考涉及的知识与技能的训练。而新课程所倡导的对学生终身发展更重要的探究、沟通与合

作、批判性思考和解决问题等能力或素质的培养，却被严重地忽视了。虽然绝大多数学生和教师都已经意识到这个问题的危害性，但由于有些深层次的原因难以改变。比如现行的高校招生依然根据高中学生参加高考的考试分数；许多学校实行依据学生高考分数评价教师工作的评价制度。甚至在平时学习的过程中，对基础知识的记忆和问题的探索也尽量“标准化”，严重禁锢了学生在学习过程中表现出来的学习主动性、创造性和积极性。因此，必须改革高考命题和高校招生制度；改革“以分评教”的教师评价制度；探讨新课程所倡导的各种素质的评价方法，切实贯彻课程改革精神，针对处在学习过程中的不同个体，善于使用弹性化的评价尺度，提倡“阳光思维”，尽量寻找其“闪光点”；关注学习过程，在教学中帮助学生培养良好的品德、公民意识和民族精神，以及形成科学态度和价值观，激发学生对地理学科的兴趣。

(3) 注重学生的终生教育，促进形成性评价与终结性评价的有机结合，实现评价重心的转移

以往的学生评价过分关注结果，注重考查评价对象在某一个时间点上是否达到了评价标准要求，从性质上讲是终结性评价。新课程标准中形成性评价不仅关注结果，更关注发展变化的过程，注重在发展过程中多次、即时、动态地实施形成性评价，强调了学生在学习过程中表现出来的思维能力、创新能力，强调学生是否已形成了环境伦理观念，是否确立了全球意识和爱国情感，使终结性评价与形成性评价有机结合。这就要求教师不能用简单的分数、短期的结果去淘汰学生，而是通过提倡质性评价，激发学生学会更多的学习策略，给学生提供表现自己所知所能的各种机会，以博大的情怀去精心发现并呵护每个学生的细微变化和潜在发展，既要正视学生当前的知识、技能智慧和品德等方面的不足，又要放眼未来，去挖掘学生成长的潜力和可能争取到的新发展，给学生希望和力量，使现在的地理学习对其将来的生活和终身发展有用。

(4) 强调评价要定性与定量相结合，实现评价方法的多样性，并注重对实践的反思和改进

教学评价的本质不在于甄别，而在于发展，要发展就必须关注整个学习过程，而不仅仅是学习结果。新课程的评价内容多元化要求教师更多地关注学生创新精神与实践能力、搜集资料与处理信息能力、获取新知的能力、情感态度与价值观等多方面的发展，而不是只使用作业、测验、考试等有关学生的学业成绩和升学率的传统评价手段。因此，教师必须提倡质性评定，激发学生学会更多的学习策略，给学生提供表现自己所知所能的各种机会。要充分尊重学生的个别差异和个性特点，允许学生依照自己的兴趣和特点选择不同形式或内容的发展道路。对教师评价也必须从过去单一的评价方法走出来，重点关注教师素质的

提高与教学的反思、在课堂教学中的师生互动、教学方式的转变等。评价者在实践中开发和使用观察、访谈、自我报告、成长记录袋、表现性评价等多种科学有效、简便易行的方法来开展评价工作。

(5) 重视学生在评价过程中的作用和主体地位,强调参与和互动、自评与他评相结合,实现评价主体多元化

发展性学生评价提倡改变单独由教师评价学生的状态,重视学生在评价过程中的作用和主体地位,让学生、同伴、家长等多主体都参与到评价中,使评价成为多主体参与和协商的活动,多主体评价能够从不同角度为教师和家长提供有关学生学习、发展状况的信息,帮助学生自我认识。有效的自我评价与反思活动有助于学生进一步明确学习与发展的目标,培养对学习负责的态度和精神、自主监控的意识和能力,以及批判性思考的能力等多方面素质。教师要重视学生的自我评价,将其作为学习过程的一部分。但在主体多元化评价实践中,要淡化多主体评价的利害关系,主张多主体之间的平等对话和协商,为学生发展而真诚交流。

资源链接

[1] 胡良明,袁书琪,关伟,等.地理教学论.北京:科学出版社,2005.
[2] 教育部.普通高中地理课程标准(实验).2003.
[3] 张超,段玉山.地理教育展望.上海:华东师范大学出版社,2002.

教学反思

【反思文章】

基于地理新课标下的教学评价研究①(摘录)

美国著名心理学家加德纳认为:“人的智力是由语言智力、数理智力、空间智力、音乐智力、运动智力、人际交往智力、自我反省智力、自然观察智力和存在智力等九种智力要素构成。”这九种智力在每个人身上以不同的方式、不同的程度组合存在使得每个人的智力都各具特色。地理教师在评价学生时,要针对处

① 文章来源:《中学地理教学参考》2003年第9期。作者:唐世喜,郭彬,安徽无为一中。

在学习过程中的不同个体，善于使用弹性评价尺度，有意识地模糊个体之间课程的区分度，采用多种手段，如小组合作讨论答辩、问题探究、实习测评、成果展示等等，让每一位学生都能得到充分的肯定和欣赏，使他们产生“我辈岂是蓬蒿人”的自信。教师在促进学生优势潜能展示与发展的同时，还应帮助学生发展和建立优势领域和弱势领域之间的内在联系，以此为切入口，引导学生有意识地将其从优势领域活动时所表现出来的智力特点和意志品质迁移到弱势领域中去。例如，在学习高一地理大气环境问题“酸雨”时，首先让学生观察我国酸雨分布图，学生不难发现我国酸雨区主要在东部和南部地区，而重酸雨区则主要分布在长江三角洲、珠江三角洲和西南区。接着，启发学生思考：我国东北、华北地区的重工业十分发达，为什么没有形成“重酸雨”区，即使轻度酸雨区的分布范围也比较狭小呢？问题提出后，学生思维的闸门一下子被打开，通过分组讨论，合作参与，他们得出了众多的答案：第一，北方受夏季风控制时间短，大气湿度小，降水较少，难以形成大面积酸雨区；第二，北方接近冬季风的发源地，冬季多吹偏北风，且风力较大，将部分酸雨气流带到南方；第三，从地形来看，北方多为平原，有利于气流的扩散；第四，北方多为含钙的碱性土壤，对酸雨起一定的中和作用；第五，北方冬春季易发生沙尘暴，悬浮在空气中的颗粒物能吸附一些酸性气体；第六，近年来北方环保措施较南方得力，等等。受个体认识水平差异的影响，尽管某些解释不尽完全合理，但是应充分肯定学生的观点，表扬他们肯动脑、勤思考的创新精神，使他们品尝到成功的喜悦；同时，也要指出其中不足的地方及修改意见。

【反思探究】

当前，新课程标准已经颁布并开始实施，本文对教学理念的改变进行了思考，提出改革传统的评价模式，树立新课程环境下的评价观要坚持教学评价的多样性、发展性、情感性和过程性，以弹性化的评价引导学生学习，激发他们的学习激情，让教师成为由对学生成绩的评判者转变为学生自主性学习和发展的促进者。需要值得思考的是：弹性评价的尺度如何界定，才能在保护学生自尊心和激发学生积极性的同时又不至于让学生盲目乐观，丧失学习的紧张感和竞争意识。

第12讲
地理教学评价的主要内容

思考研讨

1．随着地理教学目标的发展，地理教学评价该如何定位？

2．地理教学评价的原则如何与现实的地理教学相结合，以发挥教学评价应有的作用？

3．教学中应怎样把握、运用不同类型的地理教学评价的手段？

理论概述

一、新课程下地理教学的背景及定位

1993年2月13日，中共中央、国务院印发了《中国教育改革和发展纲要》，在教育结构方面作出了重大调整，提出“以九年义务教育为基础，大力加强基础教育，积极发展职业技术教育、成人教育和高等教育，把提高劳动者素质，培养初、高级人才摆到突出的位置”。这标志着进入20世纪90年代我国教育发展的重心发生了转移：从20世纪80年代的优先发展高等教育转向大力加强基础教育发展。90年代末，为了迎接新世纪国际间经济贸易、人才竞争的需要，各国都加大了基础教育课程改革的力度，掀起了规模空前的全球化课程改革运动。在这种背景下，我国针对原有课程体系的弊端，毅然启动了新一轮基础教育课程改革。2001年6月8日，教育部印发了《基础教育课程改革纲要（试行）》，标志着新世纪的基础教育课程改革进入了一个新的发展阶段。

课程改革的总体目标是：使学生具有爱国主义、集体主义精神，热爱社会主义，继承和发扬中华民族的优秀传统和革命传统；具有社会主义民主法制意识，遵守国家的法律和社会公德；逐步形成正确的世界观、人生观、价值观；具有社会责任感,努力为人民服务;具有初步的创新精神、实践能力和人文素养以及环境意识;具有适应终身学习的基础知识、基本技能和方法;具有健壮的体魄和良好的心理素质,养成健康的审美情趣和生活方式,成为有理想、有道德、有文化、有纪律的一代新人。

在此基础上,地理新课程标准中将地理课程的总体目标定位于:"要求学生初步掌握地理基本知识和基本原理;获得地理基本技能,发展地理思维能力,初步掌握学习和探究地理问题的基本方法和技术手段;增强爱国主义情感,树立科学的人口观、资源观、环境观和可持续发展观念。"评价是教育的重要组成部分。目前,进入实验阶段的高中地理新课程实践表明,地理教学评价的研究既是重点,也是难点,是新课程改革能否顺利进行并贯彻实施的关键问题。

二、教学评价的作用

在高中地理教学中积极开展科学合理的测量与评价,对于实现高中地理教学目标、促进高中地理教学改革、提高高中地理教学质量以及促进学生的全面发展都具有十分重要的作用。

1. 地理教学评价是高中地理新课程总目标实现的重要保证

传统地理教学的目标、评价方式主要是单元测验、学期考试,评价焦点集中在学生对基础知识的掌握和读图填图能力的提高上。考试成为教师评价学生的唯一手段,学生也将考试成绩作为衡量自己的唯一标尺,造成了在地理教学中教师只注重地理知识的传授,忽视对学生地理能力、地理学习方法、情感态度以及价值观的培养。如何保证新课程改革下地理教学的总体目标如期实现?教师的素质在教学中能否得到发展和提高?学生学习了地理知识后,究竟掌握了多少地理技能和地理学习能力?学生的情感、态度和价值观又得到怎样的改变和发展等,只有通过地理教学评价才能获得这方面的信息。因此,充分发挥地理教学评价的导向作用,合理制订评价标准,将地理教学引导到正确的方向上来,才能切实保证地理课程总目标的实现。

2. 地理教学评价是促进地理教师改进教学的重要手段

(1) 通过地理教学评价可促进地理教师遵循正确的地理教育、教学规律,有效地开展地理教学活动

教师没有正确的教学思想,其教学活动就难以发挥"传道、授业、解惑"的作用。从世界教育评价发展潮流看,由"选拔适合教育的儿童"转变为"创造适合儿童发展的教育"。地理新课程的评价功能也由甄别与选拔向激励与发展的方向转变,这就要求地理教师根据教学评价标准因材施教、分类指导,及时准确地掌握学生的知识、能力、非智能因素的发展状况,发现问题,及时矫正补缺,要注

意观察学生在日常行为和学习活动中的表现，收集评价信息，为进行有针对性的评价提供依据，使每一个学生都能得到适时的、合理的帮助和教育。

（2）地理教学评价可以给地理教师的教学质量以准确的评价，促进教师不断自我完善和提高

科学合理的地理教学评价，可以准确及时地为教师提供反馈信息，发现教学中的问题和不足，适时地调整教学进度，改进教学方法，改变教学态度，提高教学质量。比如，在教学中可通过地理教师的自我评价和周期性工作总结来了解自己工作中优势和不足，从而促进教学工作。如教师素养方面：职业道德情况如何；地理专业知识掌握情况怎样；教学能力高低；掌握其他相关学科知识的情况；参与科研活动以及和同事共事的能力水平；和学生的关系。教学方面：教学目标完成情况；在课堂上进行的创新性教学情况；对课程的理解和创新情况；进行的教学改革实验情况；对学生学习的评价所采取的方式，等等。

（3）地理教学评价可以促进教师进行科研活动和教学改革

地理教学评价具有导向功能，教学评价可以引导教师在教学目的的设置、教学计划的安排、教学方法的选用以及教学手段、教学技术等方面进行适当的改革，带动地理教师进行科研活动的探索。例如，针对新课程标准提出“构建开放式地理课程”的理念，教师如何改进教学设计，创新教研活动，如何开放性使用教材自身资源，如何选择、开发和重组教学内容，研究教的内容和创造教的方法，都需要教学评价的验证，并通过教学评价的反馈促进改革的深化。

3. 地理教学评价是促进学生全面发展的重要工具

（1）通过发挥评价的激励与发展功能，发展学生应用地理知识的意识和能力

现代心理学认为，主体参与性是促进学生学习的原始动力，让学生成为地理课堂教学活动的主体，使其在活动中分享应有的权利，承担相应的义务，而此时教师的激励性评价则是调动学生主体性的有效机制。例如，在对学生回答问题的态度上，教师对正确问答的评价首先肯定正确的问答，发展学生的情商；其次拓宽、拓深思路，使问答更深刻、更全面；也可以及时转换角度，引出新问题；进而异中求佳，培养学生思维的灵活性；还要开放性提问，尽可能保护学生发散性思维。对错误答问的评价则应该是借用图示，帮助学生理解问题。有些地理问题，接通思路，引导学生积极思考，或者鼓励争辩，让学生在争执和辩论中判明是非，还可以探求错因，理解问题本质，寻求科学思维方法。

地理新课程标准的颁布，淡化了原有的甄别与选拔功能，强调突出评价的激励与发展功能，激发学生的内在动力，发掘自身的潜力，促进其不断进步，以实现自身价值，使学生从评价中获得成功的体验，积极参与地理学习活动，提高地理学习水平。

(2) 通过科学合理的地理教学评价,促进学生潜能、个性、创造性的发挥

"一切为了每一位学生的发展"是新课程的最高宗旨和核心理念。如何促进学生的发展则成为教学评价的重点。只要我们地理教师端正自己的教学思想,就不难发现在地理新课程中,几乎所有的教学内容都可以通过多种新颖的评价方式来激励学生的各种潜能,帮助他们在学习中找到自信,使学生具有自信心和持续发展的能力。

(3) 通过科学合理的地理教学评价,发现学生的"闪光点",保护学生的自尊心

教师的作用就是要及时去发现每个学生身上所具备的宝贵长处,促进他们发挥优势,在学习中感受成功的体验,克服学习地理的畏难情绪,帮助学生提高地理学习能力。地理是一门包罗万象的学科,讲述与我们的生活息息相关的人与周围环境的关系,让学生从身边熟悉的生活现象中去探究并认识地理规律,使学生体验到生活中处处有地理,地理源于生活,对生活有用,激发学生探究的欲望。因此,地理教学过程应该成为学生一种愉悦的情绪生活和积极的感情体验,使学生在学习地理课程的过程中形成浓厚的学习兴趣,激发求知欲。

三、评价的原则

1. 导向性原则

在地理教学评价中对被评价者所做的任何价值判断,都是根据一定的评价目标和评价标准进行的。评价标准就像是一根"指挥棒",直接影响和决定着地理教育的发展方向和地理教学目标的实现。新课程改革重新规定了教学评价的目的和标准,改变了以往侧重于对地理知识的理解和记忆,单纯依靠地理考试成绩来选拔和鉴别学生的片面做法,充分肯定了评价的激励与发展功能。这就决定了教师必须提高教学能力和教学水平,发展地理专业素养,同时还要重视应用现代化教学手段,优化教学过程,提高地理课堂教学质量和效率。学生在学习地理的过程中,要学习知识与技能、过程与方法、情感态度与价值观,更要学会对终身有用的地理。因此,应针对当前高中地理教学改革的实际状况,依据新课程标准提出相应的评价指标,并合理分配权重系数,提高评价方案的导向性。

2. 科学性原则

科学性是指地理教学评价体系要符合客观规律。无论是评价方案的设计,还是评价活动的实施,评价者都必须坚持实事求是的科学态度,从教学实际出发,不能主观臆断和感情用事,更不能以偏概全、以点代面。地理教学评价指标及其权重系数的确定,必须依据新课程标准,按照地理教学的基本规律和教学的实际情况,符合现代教育科学理论和系统论思想,符合个体和社会发展的需要以

及教育目标，符合被评对象的客观实际，采用定性与定量相结合的评价方法，科学地确定评价项目与评价要点，以便将地理教学的评价由经验型逐步引导到规范化要求与科学管理有机结合的轨道上来。

3. 整体性原则

地理教学是一项完整的系统工程。因此，评价地理教学的质量应全面考核教学过程各个组成要素和从课程设计到教学目标完成的所有教学环节。选择与确定中学地理课堂教学的评价指标，必须具有整体改革的思想，全面考虑影响地理教学质量的各方面因素，并根据地理教学各个组成要素的地位和作用，合理地分配权重系数，以利于实现地理课堂教学过程的整体优化。

4. 可行性原则

地理教学评价指标体系的设计和实施要充分考虑到可以利用的人力、物力、财力等条件，还要考虑到信息资源和评价方法的限制以及评价活动的投入与效益等问题。贯彻教学评价的可行性原则，既要符合新课程标准所规定的教学目的与标准，又要从本地区中学地理教学的实际出发，设计出符合被评对象实际的评价方案，使用正确和科学的指标体系。评价指标要尽量少而精，简单、明确、具体，方法简便易行，使学校领导（专家）、地理教师、学生和参评的社会各界能看懂、学会、用上，以便在检查教学和进行教学评议时作为科学又简明实用的评价依据，使教师通过评价能明确改进教学的方向，保证教育的基本质量。

5. 公正性原则

地理教学评价的目的是希望通过评价找出被评者的优点和不足，促进和激励被评者沿着正确的目标不断发展和进步。因此，在评价中要根据被评者的客观实际情况作出符合被评者本身特点的公正评价，而不是根据自己的喜恶爱憎、凭空想象或主观臆断来随意进行褒此抑彼的不公正评价。否则就会挫伤被评者的积极性，从而影响他们的发展和进步。因此，评价只有符合被评者的实际情况，才能使被评者乐意接受评价的结论和建议，并努力改进自己的学习和工作。当然，评价的公正性要以客观的评价标准为依据，根据实际情况作出准确的评价，达到一种相对的公正，以体现评价的真正目的和意义。

6. 多样性原则

多样性原则就是尊重被评价者不同主体的多样性和差异性，即评价方法和评价手段多样，评价尺度有弹性。地理新课程教学的特点在于它不局限于书本知识的讲授，而是培养学生学习对生活有用的地理，学习对终身发展有用的地理，这样就有各种各样的学习途径。在学习过程中每个学生都是独特的、出色的、活泼的人，他们对地理问题的兴趣和关心不同，探求的角度、方式不同，因而所获得的答案和学习结果也必然具有多样性。对于多样性的学习结果如采用统一的标准和方法去评价,就限制了学生的学习活动和地理思维的发展,不符合地理教育的目标。同时,学生在学习地理的过程中所获得情感体验、对身边生活和周围世界的理解和认识也无法采用单一的标准和方法实施评价。比如用提问、做练习、测验等方法检测学生地理知识与技能,以小组合作讨论、问题探究、成果展示等实验法和观察法则适用于过程与方法的评价,对学生情感、态度和价值观的表现和发展状况等的评价,采用访谈、调查、辩论等让学生积极参与的活动等方式具有独到的价值。因此,地理教师要善于使用弹性评价尺度,采用多种手段,促进学生优势潜能展示和发展,帮助学生发展和建立优势领域和弱势领域之间的内在联系,引导学生有意识地将其从事优势领域活动时所表现出来的智力特点和意志品质迁移到弱势领域中去。从某种意义上说,多样性评价尺度是学生主体创新思维的催化剂,教师如以别具一格的眼力和襟怀来接纳个体之间的多样性和差异性,就可以最大限度地激发学生的才情。

四、教学评价的分类

(一)对教师的评价

1. 按评价对象划分

(1) 自评

自评是地理教师对自己的地理教学工作过程的自我诊断。为了更好地改进地理教学工作,教师通过各种渠道收集各种反馈信息,对自己在地理教学工作过程的各个环节进行深刻反思。它是教师的一种自愿、自发的行为,是教师自我激励与自我提高的一条有效的途径。这种评估方法可以适用于地理教师教学各方面工作的评估。

教师在进行自评时,收集学生的课外作业、上课回答问题、常规性的测试、学生对教学工作的直接反映、通过其他教师间接获得学生对教学的反映等自己教学工作的各种反馈信息,在这些信息的基础上,依据地理教师教学工作评价指标体系,对这些信息的真实性、普遍性进行合理地分析、判断,总结自己在教学过程中的得与失,对自己的教学工作进行评价,找出问题的原因所在,提出有效的、可行的改进措施。

根据教师教学和教师素质的评价内容与评价标准,可设计调查问卷、自查表、教学法日记、周期性的工作总结和自我分析等进行评价。

(2) 他评

他评是指社会各界参与的地理教学评价,主要有教师互评(也叫同行互评)、学生(家长)评教、专家评价三类。

教师互评,也叫同行互评。由于地理教师对地理教材内容、教学目标、教学重点和难点、地理教学方法、地理教师应具备的素质等都比较熟悉，他们能通过自身的思考和比较提出中肯的意见和有价值的建议。这能在地理教师之间形成取长补短、相互学习、共同提高的气氛。

评价的主要手段是地理教师相互之间听课与观摩。听课前，双方通过见面会或预备会沟通听课目的、方式，了解教学目标、内容，听课时按照高中地理教学评价指标体系对教学过程和学生活动认真观摩，做好记录。在课堂教学结束之后，再集中听课教师举行评课活动。通过对课堂教学过程的各个环节进行比较客观的分析、讨论，总结经验教训，提出相应的改进建议。这种评价方法比较适合用于地理课堂教学活动。评课活动是整个评价过程的一个中心环节，评课活动的客观性决定评价结果的真实性。

为了提高同行评议的质量，要加强学校内部和不同学校之间经常性的听课与观摩活动，增加同行之间的了解，提高评价的客观性。应注意的是由于地理教师之间的教学经验和水平不同，看问题的角度有差异，主观性在所难免。在评价过程中要将教学过程的各因素按一定的标准进行合理的科学的测定，以量化的形式，在定量的基础上进行定性分析，增强评价的客观性、公正性。

学生(家长)评教是指学生对教学目标是否符合需要、教学环节是否适当、教学内容重点是否突出、教学结果是否有效等进行直接的评价。家长与社会各界也可以加入到评价中来。学生是地理教学过程的主体，学生评教也是最符合客观事实的一种评价方法。

学生(家长和社会各界)评教可以采用问卷调查、家长开放日、座谈会和公开课的方式。问卷一般采用选择题，题目要依据地理教师教学工作评价指标体系来进行设计，因为问卷设计的质量将会是影响评价信度的一个重要因素，所以题干表述要力求简单明了，安排的选项要切中问题要害，在部分选择题的选项后面或问卷的最后可以适当安排由学生(家长和社会各界)选填的项目，让评价者有准确地表达自己的想法的自由和余地。

开放日、座谈会和公开课要注意评价者与被评价者在教学设计、教学方法上的沟通，对要了解的问题也应事先做好充分的准备，关注评价结果的认同问题，使评价对象能够最大限度地接受评价结果。

评价过程应该本着尊重教师的地理教学，客观公正评价，同时注意评价过程对相关地理教师的保密性，由学校管理人员统一汇总筛选，向地理教师传递有关反馈信息，以敦促相关教师做出改进，达到评价的有效性。

专家评价是指学校领导、管理者和教学专家根据在教师地理教学工作过程中获得的信息，做出相应的评价，专家评价应根据地理教学的特点、教师的特点、学生的特点，按照新课程标准设计合理多元的评价方法，如实科学地反映评价结果,也为教师改进教学工作提供理论指导。但由于专家对教师的评价只能建立在一两次听课活动、检查学生的作业、与学生和教师的访谈等方式上获取相关信息,并依据这些有限的信息做出最终的评价,这会带有一定的偶然性和片面性,从而降低评价结果的稳定性。

《基础教育课程改革纲要(试行)》(教育部,2001)指出:"建立促进教师不断提高的评价体系。强调教师对自己的教学行为的分析与反思,建立以教师自评为主,校长、学生、家长共同参与的评价制度,使教师从多渠道获得信息,不断提高教学水平。"这是注重中学地理教师发展性的一种评价理念,对地理教师的发展提高,学校办学质量的改善,教师队伍整体水平的提高有着重要意义。

2. 评价指标

按评价指标评价主要可分为教学思想、教学目标、教学内容、教学环节、教学方法、教学效果等6项。这种指标分类法可以将评价的内容细化,有的放矢地组织专题评价,推广先进教学理念,解决地理教学中的薄弱环节和周期性存在的问题。

(1) 教学思想

坚持以人为本,以学生发展为本,以培养创新人才为宗旨;德育为核心,抓住地理学习内容的德育成分,坚持寓德于教;因材施教,依据学生的不同才能、特长、兴趣和性格进行教学,使各类学生都能得到适当的发展。

(2) 教学目标

理解课程标准,反映课程标准要求,关注学生的地理思维和地理能力的培养;了解学生,符合学生特点,注意学生各方面的特点;制定明确、具体的教学目标,并具有科学性和可操作性。

(3) 教学内容

熟练准确,能准确无误地把握本节课的地理知识内容,对所涉及的地理教材内容运用自如;开发创新,基于教材而不拘泥于教材,对地理教材进行二度开发,做到抓住重点,揭示本质,详略得当;重视教学内容的文化内涵,体现科学性、人文性和社会性的融合。

(4) 教学环节

发挥学生的主体地位作用,自主学习,培养学生地理学习能力;教学环节灵活多样,形式多变,适应学生各种能力的发展需要;根据地理教学内容的特点,教学环节设计合理,恰到好处。

(5) 教学方法

符合学生的认知规律,循序渐进,逻辑性强;启发性强,运用引导讨论和有效的提问技能,激发学生学习兴趣和学习动机,引导学生主动学习、探索、创新、实践;尊重学生人格,开发学生潜能,发展学生个性差异,以开放包容的态度对待学生的差异和创新。

(6) 教学效果

进行学法指导,培养学生良好的地理学习习惯;通过师生的互动,有效达到教学目标;促进了学生地理思维能力和学习能力的提高和发展。

在实际操作中,仅仅采用某一种方法对地理教师的教学工作进行评价,往往会缺乏全面性和合理性,对地理教师也是不公平的。应该根据评价内容、评价目的的不同选用适当的评价方法或采用多种评价方法的组合,加强评价过程和结果的客观性。

(二) 对学生的评价

1. 按评价的基准划分

可分为相对评价、绝对评价和个人内差异评价。

(1) 相对评价

相对评价是指在评定地理教学时,个人的地理成绩以集体内他人为参照物进行评价,从而确定与解释其地理成绩的方法。如将该同学成绩与同学年或同班其他学生的地理成绩相互比较。这种评价方法重视学生在学年或班级中的相对位置和名次,能使每个学生了解在同等条件下自己所处的位置。其主要优点是:甄选性强,具有外部动机作用的效果;使学生了解自己在学年或班级中的优劣状况;可以辨别学生在达到地理教学目标的程度上所存在的个人差异。其主要缺点有:无法评价学生在学习地理过程中获得的情感体验,地理思维的发展状况;不利于判断学生实际达到目标的程度;引发学生过分看重个人的名次、荣誉,打击后进生的自尊心和积极性。

(2) 绝对评价

绝对评价是评价学生个人的地理学习成绩以地理教学目标为参照物,以检查学生是否达到地理教学目标或达到程度的方法。例如,将学生的地理学习成绩同既定的教学目标进行比较,了解学生是否达到预定的目标或达到的程度如何。由于在评价过程中是以学生学习的实态同确定的地理教学目标进行比较,因此其主要优点是:可以了解每个学生达到地理教学目标的程度,有助于及时地调整、改进教学,从而达到教学的指导和评价步调一致。绝对评价的主要缺点是如何制定科学、恰当的评价标准。在实际教学过程中,由于教师教学水平、主观态度各不相同,评价标准也就各有千秋,很难保证其客观、准确。

(3) 个人内差异评价

个人内差异评价是把学生个人在某一时点的学习状况与学习前后纵向比较,个人内部学习能力横向比较,以评价学生自身学习能力的方法。这种评价是依据个人的标准进行的。例如,对一名学生过去的成绩与后来的成绩相比较,以了解其进步的情况;对一名学生的地理综合分析能力、地理比较能力、读图能力等不同学习能力之间进行比较,以了解其优势与弱点。通过评价了解学生的进步状况或了解其哪一方面优越,哪一方面逊色,使教师有可能按照学生的不同情况更恰当地进行以后的指导,做到因材施教。个人内差异评价的优点是照顾到了学生的个性差异,让每一位学生都能得到肯定和欣赏,有利于激发学习积极性和创新精神。其缺点在于,这种评价既不与客观标准比较,又不与其他被评价者比较,难以判断学生达到地理教学目标的程度;学生缺乏竞争意识,无法与他人、集体同步,容易自我满足。

以上三种评价各有优点和缺点,不同的评价目的需要用不同的评价解释方法。在教学中,要注意根据教学需要加以选择和运用,注意三种评价方法的相互补充、融合使用。

2. 按评价的功能划分

可划分为诊断性评价、形成性评价和总结性评价。

(1) 诊断性评价

诊断性评价一般在学年、学期或单元的开始进行,因而也叫学习前评价。诊断性评定的目的是,根据评价来确定教学的对策,使教学内容适合学生的实际需要。在地理教学活动中实施诊断性评价,能够了解学生开始新的地理学习时,已有的地理知识水平如何;有无必须预先具备的地理技能;地理思维等智力发展程度如何;学生的地理学习动机、兴趣、学习方法等学习的前提条件满足程度如何,等等。帮助老师决定最适合的授课起点和选择最适合的授课程度。还可以了解学生学习中的问题,特别是那些长期存在和周期性出现的学习困难。

美国课程理论家斯塔弗尔比姆认为:“评价最主要的意图不是为了证明,而是为了改进。”因此,应用诊断性评价需要注意:把诊断性评价当做有关学生信息的来源,针对学生学习中存在的困难或问题进行恰当的指导,不能只“诊断”,不“治疗”。此外,还应注意不因诊断性方法所获得的成绩而对学生进行奖惩。

(2) 形成性评价

形成性评价是在地理教学过程中,为获得地理教学的反馈信息,修正地理教学活动轨道,使学生对所学地理知识达到掌握程度而进行的系统性评价,也叫过程评价。其目的是为了了解教学的效果及学生对地理知识技能的掌握程度,以便于及时调整和改进地理教学。

在日常地理教育教学活动中,形成性评价总是伴着教育教学过程而进行的,例如,以课时、章节为单位的形成性评价。在一节课或一个章节的教学中,通过提问、作业、观察等形式,对学生回答教师提问的答案与过程、举手状况、课堂气氛、作业完成情况以及学生的表情态度等的确认，实现教学途中的即时反馈。通过考察每节课的既定目标是否实现，教学方法、教学速度等是否适合学生的能力，能否引起地理学习兴趣等，来修正教学活动发展的轨道，帮助学生提高其成绩。又如以单元、学期为单位的形成性评价。测验通常是一门课程前一部分的总结性评价。在一个单元或期中进行一次或几次形成性测验。根据测验结果的分析，教师可以准确把握学生学习动态，发现地理教学目标确定、教学方法和教学手段等方面的长处和不足，及时调整教学，有针对性地改进地理教学。同时教师还可运用测验的结果来重新组织这门课程的后半部分，即针对前半部分暴露的问题采取补救性教学措施。

学生也可根据教师给予的反馈，了解自己的学习情况，明确单元或章节学习中的不足，找出今后的努力方向。采用形成性评价的方法评定学生的学习质量，应注意如下要求：第一，形成性评价是考察地理教学目标是否实现及实现的程度，发现教学中存在的问题，为今后更好地指导学生学习提供反馈信息，而不是给学生评定成绩、划分等级；第二，教师要将地理教学目标阐述得具体、可测，让学生也知道教学目标的内容；第三，反馈要及时，应该把学生学习中的优势与弱点以及为了提高成绩要采取的对策向学生说明。可通过观察法、批改作业、实验报告、考试测验等来获得形成性评价信息。

(3) 终结性评价

终结性评价是对已制定好的地理教育方案、计划、课程等整体教学情况作全面鉴定的评价。一般放在学期末或学年末进行。总结性评价能够向学生提供他们达到地理教学目标程度的反馈，为学生具有某种能力或资格作证明；也可以为已完成的这门课程确定成绩，帮助教师确定下一步的教学起点；还可以为教育主管部门及各级教育决策者完善教学方案、计划和课程提供重要的反馈信息。

总结性评价的内容，涉及地理知识、地理技能、地理能力、地理观念、思想道德品质等全部内容。总结性评价方法主要采用期末考试的方式；对于技能、地理观念、思想道德品质的评价，则多采用观察的方式。

三种评价对比见表 12－1。

表 12－1　诊断性评价、形成性评价和总结性评价的对比

要点	诊断性评价	形成性评价	总结性评价
实施时间	教学之前	教学过程中	教学之后
评价目的	摸清学生底细以便安排学习	了解学习过程，调整教学方案	检验学习结果，评定学习成绩

续表

要点	诊断性评价	形成性评价	总结性评价
评价方法	观察、调查、作业分析、测验	经常测验、作业分析、日常观察	考试或考查
作用	查明学习准备情况和不利因素	确定学习效果	评定学业成绩

资源链接

[1] 段玉山.地理新课程课堂教学技能.北京:高等教育出版社,2003.

[2] 地理课程标准研制组.普通高中地理课程标准(实验)解读.南京:江苏教育出版社,2004.

[3] 徐庆华,李景哲,岳云华.地理教育学.北京:中国环境科学出版社,1998.

[4] 陈澄.地理教学论.上海:上海教育出版社.1999.

教学反思

【反思文章】①

在一项对高考落榜生的大规模抽样调查中,当初因为想考大学而上普通高中的高考落榜生,在1977年以前的落榜生中占50%,在1977—1984年的落榜生中占69.9%,在1985—1991年的落榜生中占79.5%,在1992年及其以后的落榜生则高达85.3%。让我们再看不同时期普通高中和普通高等学校在校学生数的比例:1962年,普通高中在校生与普通高校在校生的比例是:1.61:1(133.9万/83.0万);1980年,普通高中在校生与普通高校在校生的比例是:8.48:1(969.8万/114.4万);1990年,普通高中在校生与普通高校在校生的比例是:3.48:1(717.3万/206.3万);2000年,普通高中在校生与普通高校在校生的比例是:2.16:1(1 201.3万/556.1万)。由此观之,“为考试而教,为考试而

① 文章来源:《广州课改工作通讯》2004年第2期。作者:张华,华东师范大学课程与教学研究所。

学”的现象非但没有随高考升学率的提高得到缓解,反而愈演愈烈,二者呈反比关系。“考试文化”占主导地位的过程,即是教育价值观全面扭曲和异化的过程。由此所建立的课程体系,只能是应试教育的课程体系。

【反思探究】

评价标准是影响和决定地理教学的重要因素,在“一切为了高考”的选拔取向下,高中地理教育体系脱离了学生的经验和火热的现实生活。新课程改革下符合素质教育要求的高中地理课程体系并不反对考试的教育功能和社会功能,但却旗帜鲜明地反对“考试文化”和应试教育的价值观。要改变“考试文化”,改变应试教育的功利主义的教育价值观,就需要构建符合素质教育要求的地理教学评价体系,引导和保障地理教学的正确进行。但在目前高考制度还暂时不能废除的情况下,我们地理教师在实际教学中该如何化解这一矛盾,利用其有利、积极的一面,而避免其负面、消极的因素,最大限度的使其达到统一和谐?

第13讲
地理教学评价的指标与方法

思考研讨

1. 教师教学的评价的要点是什么?
2. 学生学习的评价要点是什么?
3. 地理教学评价在地理教学中怎样与学生的实际情况相结合?

理论概述

地理教学评价分对教师教学的评价和对学生学习的评价,因此,地理教学评价的指标体系和评价方法都要分别看待,但它们不是对立的,而是和谐统一的。

一、教学评价的指标体系

(一) 教师教学评价的指标体系

1. 教学评价的目的

教师教学评价是指在地理教学过程中收集教师教学行为和学生学习行为的信息,衡量和判断教师教学的优劣,为教师改进地理教学提供依据的过程。其主要目的是:检查地理教师的地理教育、教学思想是否端正,推动教师遵循正确的地理教育、教学思想从事地理教学;推动地理教师探讨地理教学规律,研究地理知识传授、地理能力培养、地理思想道德教育的最佳方式与途径;给地理教师的教学质量以恰如其分的评价,记载教师教学的长处和成功经验,发现和培养地理教学骨干;给教师提供教学中存在问题的信息,促进教师不断自我完善与提高;科学地鉴定地理教师的教学质量和教学水平,为加强和改善教学管理创造条件。地理教师教学评价是促进、提高地理教师的教学水平和质量的有力保证,是深化学校内部管理体制改革、促进学校管理的科学化、推进素质教育的有效措施。

2. 教学评价的指标

(1) 教学目标

教学目标要设计合理,表述明确、具体,即符合地理课程标准(教学大纲)的要求,符合教材内容特点,符合学生的接受能力,注重学生创新精神和实践能力的培养。教学目标要陈述详细、明确,可观察、可测量,是指地理知识目标、技能目标、能力目标、思想品德教育目标必须清楚,并对学生通过教学活动可能达到的水平有正确的估测。

(2) 教学内容

要正确理解教材,呈现的地理信息科学、准确,突出教学重点,抓住关键,突破难点。具体来说,就是把握所讲授教材的主要观点,理解编者意图与所教部分在整个教材中所处的地位和作用,正确区分知识层次与知识结构;讲授过程中,对地理事实知识、地理概念、地理原理等都能交代得清楚、准确,使学生获得的知识和技能没有科学性错误。在教学过程中要吸引学生积极参与、积极思考,引导学生将学到的知识与已有的观念、经验乃至整个精神世界相互作用。要举例恰当、具有典型性,理论联系实际,体现知识的应用性。如在教学过程中注意所教知识与乡土实际、工农业生产实际、地理环境实际等的联系,增强学生实践能力与可持续发展的能力。

(3) 教学结构与师生活动

教学结构要设计合理,指教学过程以地理知识的内在逻辑关系、学生的认识规律进行,各教学环节有机结合,结构严谨,层次清楚,富于整体性。师生之间的沟通性要好,相互呼应,课堂气氛好,双方情绪饱满,能产生思想共振、情感共鸣、活动默契,教师能正确处理来自学生的反馈信息,调控得当。

(4) 教学方法与手段

教学方法的选择要符合地理教学原则,符合课型特点,符合课堂教学目标,符合学生实际,能有效驾驭教学活动。教学过程中要注重启发诱导,充分调动学生的积极性和主动性,引导学生观察思考、综合分析和群体合作,引导学生掌握地理学习方法,培养学习技能和习惯。教学地图、地理图表、多媒体等地理教具与手段选择要合理,设计要规范,运用要恰当熟练。

(5) 教师专业素养

要能较好地组织、管理和监控教学过程,调整教学内容与结构,合理分配教学时间。语言要规范,简洁精练,条理清楚,音量适中,语调快慢适度,富有启发性、逻辑性。教态要亲切自然,仪表整洁,尊重和信任学生,热情宽容对待学生的好奇心和创造性。

(6) 教学效果

教学效果能完成教学任务，达到教学要求。能充分调动学生学习的自觉性和积极性，唤起学生的学习兴趣与求知欲。在教学过程中，学生能积极参与教学活动，达到教学目标，学生满意程度高。

（二）学生地理学习质量评价指标体系

1. 学习质量评价的目的和内容

地理学习质量评价是根据地理教学目标，借助一定的评价技术和工具，对学生达到地理教学目标的程度进行价值判断的过程。学生学习质量评价的目的是检查学生地理知识掌握状况。地理课程标准（地理教学大纲）所规定的知识范围均在评价之列，包括地理基本事实（如地理名称、地理数据、地理空间分布、地理景观等）和地理基本概念、特征、原理等方面的识记、理解、应用状况的评价；了解学生地理技能形成状况，包括阅读地图、地理图表的技能，填绘地图、图表的技能，进行地理观测、地理调查的技能，以及地理计算等，以及这些技能是否形成，形成到什么程度；促进学生地理能力发展，这里的地理能力既指一般的潜在能力，即观察力、记忆力、想象力、思维能力等，也包括运用地理数据、地理事实材料、图表阐述问题和分析问题的能力；引导学生形成地理情感和价值观，包括地理思想品德（如正确的地理观、爱国主义情感、辩证唯物主义观点等）、地理科学态度和创新精神，以及地理学习兴趣、环境意识和可持续发展观等方面。学生学习质量评价不仅为教师提供教学的反馈信息，而且也是学生自我评估的过程，有助于学生发现自己学习上的弱点和不足，使他们以后的地理学习和知识运用更加具有针对性，明确今后的努力方向，改进学习的方法，提高地理学习的效果和效率。

2. 学习质量评价的指标

（1）知识与技能方面

理解地理学科基本的核心的概念，了解识别地理事物的空间结构和功能；根据图表、数据等背景材料，分析地理事物发展变化过程，认识区域差异；学会阅读、绘制地图和地理图表，以及地理观测、调查和地理计算。

（2）过程与方法方面

学会获取地理信息，并灵活应用地理方法分析和解决问题；了解人类活动对地理环境的影响，理解人文地理环境的形成和特点；独立思考，进行地理探究活动，合理表达、交流探究成果。

（3）情感态度和价值观方面

理解地理与生活的密切联系，体会地理的应用性，具有地理审美情趣与鉴赏力；初步形成可持续发展的观念，具有环保意识和法制意识，以及对自然地理环境和社会的责任感。

从发展学生个性的角度出发,还有必要在具体的评价指标中区分出以下三个层次:

① 目标的达到。这是为客观地确认目标是否完成而设定,可以通过比较对照确认目标的到达度,是指要求完全掌握特定的具体知识和能力的目标。目标完成时,能对其状态做出明确表述。例如,学生是否能够正确识记地理事实材料、术语和符号,了解解决地理问题的方法、步骤、技巧及识记判断、评价地理事物的准则,理解地理概念、特征、规律,并能用自己的语言解释和概括地理概念、特征、原理、成因的要点,用不同形式表达同一概念和分析地理成因。

② 目标体验。指学生能够将地理学习与现实生活结合起来,产生某种内在的体验。地理知识的理解和应用,涉及的主要心理成分是思维,应表现在某一学习阶段之后思维质量的完善与发展。如果对学生到达某学习阶段时可能表现出的思维品质以可观察、可测量的陈述方式加以详细表述,这种目标的到达程度也可以得到近似或明确的确认。

③ 目标升华。指学生在目标体验的基础上,心智和情感态度受到触动,价值观形成和升华。例如,对某一地理知识价值的发现及发现后的喜悦,学习我国优越的地理位置、多样的地形、丰富的气候资源等内容后产生热爱祖国的情感体验等。这种目标升华对学生的成长具有重要意义。但这种体验变化不一定都能在学生身上反映出来,要确认这种体验是否发生了,常常要依靠学生的自我报告和教师的观察。

二、评价的方法

(一) 对地理教师的分析与评价

评价地理教师的教学质量,目前常采用的方式有定量评价和定性评价两种。

1. 定量评价

定量评价是当前地理教学评价中采用较多的一种方法。它是把整个地理教学过程中的各种教学因素,按照一定的客观标准进行全面的、科学的测定,并以量化的形式体现出来,有较强的客观性和准确性。

定量评价的方法很多,这里主要介绍标准评分法、加权求和法和模糊数学综合评分法。

(1) 标准评分法

标准评分法是根据高中地理教学评价的指标体系,拟定出评价项目及评价要点,按其重要程度拟出标准分值,评价时按评价要点评分,然后各项相加,以总分衡量教师教学质量的优劣。评价结果分优、良、中、差等四个等级。若以百分制衡量,优等为 90 ~ 100 分,良等为 75 ~ 89 分,中等为 60 ~ 74 分,差等为 59 分以下。这种方法标准具体，操作简单易行，是地理教学质量评价常用的方法之一。

(2) 加权求和法

加权求和法是指评价人员按照评价方案的具体要求，在标准评分法的基础上，给每项评价指标打分，再依据各项评价指标的权重加权，求出该项指标的实际得分，最后将各项评价指标的实际得分汇总求和，得出总的评价分。

(3) 模糊数学综合评分法

如前所述，地理教师授课质量评价指标体系包括 6 项，每项又有若干评价要点，这样就构成了一个较为复杂的系统。再者，我们所研究的事物既不是可以实测的（如长度、质量等），也不是能用作业完成的多少来测定的，而只能表明它拥有的特征的多少，如用“优”、“良”、“中”、“差”，或“好”、“较好”、“一般”、“较差”这类模糊的概念来表达，所以要借助模糊数学的方法来计算综合值，并用来说明教师授课质量的高低。下面举例介绍这种评分方法的运用。

由前面所述的地理教师授课质量评价的指标体系，可绘制成评价表（表 13－1），按表中所列 6 个评价项目逐项评分。

表 13－1 评 价 表

评价指标			评价等级			
项目		评价标准	优	良	中	差
1	教学目标	教学目标设计合理，表述明确、具体；教学目标陈述详细、明确，可观察、可测量				
2	教学内容	科学准确，突出教学重点，突破难点；对教材开发创新，理论联系实际				
3	教学环节	教学结构设计合理，逻辑性强；各教学环节有机结合，层次清楚，富于整体性				
4	教师素养	能较好地组织、管理和监控教学过程，驾驭教学活动；语言规范，简洁精练，教态亲切自然，仪表整洁				
5	教学方法	教学方法的选择符合地理教学原则，符合课型特点；地理教具与手段选择合理，运用恰当熟练				
6	教学效果	充分调动学生学习的自觉性和积极性；达到教学目标，学生满意程度高				

例如评价教学内容这一项：

设 U = {科学准确;突出教学重点,突破难点;对教材开发创新;理论联系实际}。

设 V 是评价集合,即

V = {优,良,中,差}

现假定有若干人参加评价,由于每个人的掌握标准、衡量角度不同,会出现不同的评价等级。

设评价人员对某一地理教师的教学内容科学准确进行评价,认为优的占40%,良好的占50%,中的占10%,差的没有,则可得出一个数列:0.4,0.5,0.1,0。

对突出教学重点,突破难点的评价得到的数列是:0.6,0.3,0.1,0。

对教材开发创新评价得到的数列是:0.1,0.2,0.6,0.1。

对理论联系实际的评价是:0.1,0.2,0.5,0.2。

如此可组成一个模糊矩阵。若设这一模糊矩阵为 $\boldsymbol{R}$,则可写成

$$\boldsymbol{R}=\begin{pmatrix}0.4 & 0.5 & 0.1 & 0\\ 0.6 & 0.3 & 0.1 & 0\\ 0.1 & 0.2 & 0.6 & 0.1\\ 0.1 & 0.2 & 0.5 & 0.2\end{pmatrix}$$

由于上述四个评价要点的重要性不同,为体现它们的差别,现假定权重分配如下:教学内容科学准确为0.3;突出教学重点,突破难点为0.5;对教材开发创新为0.1;理论联系实际为0.1。这个权重的分配用 A 表示,则

$$A=\{0.3\ 0.5\ 0.1\ 0.1\}$$

这样,对评价对象"教学内容",已知隶属函数矩阵 $\boldsymbol{R}$,权重集 A,则对此评价对象的综合评价矩阵为 $\boldsymbol{B}$。

$\boldsymbol{B}=A\boldsymbol{R}$,将有关数据代入公式得

$$\boldsymbol{B}=\{0.3\quad 0.5\quad 0.1\quad 0.1\}\begin{pmatrix}0.4 & 0.5 & 0.1 & 0\\ 0.6 & 0.3 & 0.1 & 0\\ 0.1 & 0.2 & 0.6 & 0.1\\ 0.1 & 0.2 & 0.5 & 0.2\end{pmatrix}$$

$$=\{0.44\quad 0.34\quad 0.19\quad 0.03\}$$

上式的结果是这样计算出来的

$$0.44=0.3\times 0.4+0.5\times 0.6+0.1\times 0.1+0.1\times 0.1$$

$$0.34=0.3\times 0.5+0.5\times 0.3+0.1\times 0.2+0.1\times 0.2$$

$$0.19=0.3\times 0.1+0.5\times 0.1+0.1\times 0.6+0.1\times 0.5$$

$$0.03=0.3\times 0+0.5\times 0+0.1\times 0.1+0.1\times 0.2$$

$\boldsymbol{B}$ 矩阵表示评价者认为被评价者的"教学内容"达到"优"者占 44%,达到"良"者占 34%,"中"者占 19%,认为差者占 3%。假设各等级与百分制分数的对应关系是:优 =95,良 =80,中 =65,差 =50,则得矩阵 $\boldsymbol{C}$。

$$\boldsymbol{C}=\begin{pmatrix}95\\80\\65\\50\end{pmatrix}$$

再设评价结果为 $\boldsymbol{D}$,则

$$\boldsymbol{D}=\{0.44\ 0.34\ 0.19\ 0.03\}\begin{pmatrix}95\\80\\65\\50\end{pmatrix}=82.9$$

然后用同样方法可以计算教学目标、教学环节、教师素养、教学方法、教学效果等项目,并根据它们各自的权数进行计算,得出各项目的分数,接着再根据上述各项目的权重即可求出总的评价分数。

这种方法的优点是可以用于综合评价,缺点是计算较为繁琐。但运用计算机计算,这一缺点便能得到最大限度的克服,因而也具有较强的实用价值。

2. 定性评价

定性评价是在评价过程中,通过对地理教师教学过程各环节以集体分析讨论的方式,对地理教师的教学质量做出判断性的结论。定性评价可以对教师的教学过程进行全面详细的评价,也可以就教师教学的某一方面展开深入的分析探讨,使被评教师了解自己教学中的优点和不足及其原因,提出建设性意见和有效的改进措施。定性评价要注意以下几点:

第一,做好评价前的准备工作。评价者首先要了解地理课程标准(教学大纲)和地理教材,明确教学任务与要求,把握教材的层次、结构,教学重点与难点等,还要了解学生和教师的一般情况,如了解学生已有的地理知识、技能基础及学习兴趣等,了解地理教师的教学态度、业务素质、教学中的主要特点等,尊重教师的专业素养,包容学生的发展差异,评价也就更有针对性和客观性。

第二,评价要以教育理论为指导。掌握必要的教育学、心理学和地理教学论的知识及有关技能,评价教师教学的优缺点都要依据理论进行分析,否则就缺乏评价的深度,缺乏应有的说服力。但评价时也应避免空洞地谈理论,一定要结合课堂教学实际,使分析评价既有"理",也有"据"。例如,评价教师设计的教学方法是否合理,评价者应根据高中地理教学评价指标体系与相应的教学理论,通过分析指出教师的优点和不足,这样就会有理有据,令人信服。

第三,既作全面分析,又要突出重点。全面分析评价有助于把握教学过程的全貌;突出重点,则有助于深入研讨一些专题性的问题。全面就是要对照评价标准,对教学思想、教学目标、教学内容、教学结构、教学方法、地理直观教具与手段、师生教学活动的积极性、教师语言、教学效果等整个教学过程中各因素进行综合的分析评价,作出相应的评价判断。突出重点,就是对有代表性的问题,或重点研究的专题等进行详细具体的分析。

第四,关注师生互动。这是了解教学效果的重要方法。例如,评价地理教师的课堂教学过程,既要评价教师的教学环节设计是否灵活、学法指导是否恰当,同时也要留意学生是否积极参与,思维活跃,能否与教师同步,达到共鸣。

第五,评价要实事求是、客观公正。成绩、优点要充分肯定,予以总结和推广,缺点也要恰如其分地指出。肯定成绩时,要避免庸俗的吹捧,避免夸大和失真;指出缺点时,不要碍于情面避重就轻,但也不要脱离现实条件和教学实际过分苛求。让教师通过评价了解到自身教学的真实情况,最大限度地接受评价结果,改进今后的教学。

3. 定量评价与定性评价的关系

定量评价以量化为主要形式,单纯依据分数来确定地理教学的优劣,难以说明具体存在哪些主要优缺点,难以明确改进教学的主要方向。定性评价由于评价者的教育理论水平和教学经验不同,看问题的角度也有差异,难免带有主观随意性,评价结果也不够稳定。只有将定性分析与定量测量两者有机地结合起来,在定量测量的基础上进行定性分析,采取综合评价的方法,这样才能真正克服主观随意性,增强教学评价的科学性、客观性、准确性。另外,地理教学过程中的许多教学因素,很难用数量来区分优与劣之间的微小差别。因此,对于课堂教学过程中各个评价指标的定量测量不宜过分精细,对于评价指标下面的若干个评价要点宜采取评定等级。

(二)对学生的评价与分析

1. 观察法

观察法是评价者将学生在地理学习中的行为表现观察记录下来,按照事前设计的标准进行评价的方法。在日常的学习中,在特定的时间或特定的事件中,乃至学生学习的整个过程中,都可以通过观察对学生的地理学习情况进行评价。该方法方便易行,容易获得的有价值的第一手资料。观察法的应用范围较广,尤其适用于对学生的地理学习态度、兴趣、习惯、创造性、地理观等方面的评价。

运用观察法要做好观察前的准备工作,包括制订观察计划和观察提纲,明确观察的内容,选择恰当的观察方式和方法。要确定观察的目的和项目。观察既要依据评价的需要确定观察的目的,也要明确观察的时间与事件。观察要在自然的、真实的状态下进行,并及时具体地作好观察记录。

2. 谈话法

谈话法是指评价者通过与学生直接的语言交流获取评价信息,把握或测验学生地理学习现实状态的方法。谈话法适用于学生的学习态度、兴趣、习惯、价值观等个性评价资料的收集。对学生的地理知识掌握,地理技能、智能等发展状况进行评价时,也可作为地理测验与考试的辅助手段,用以了解那些从试卷上不易发现的问题。这种方法可以直接面对学生,易于实施,而且获得的评价信息比较真实详细。

谈话时要拟定明确的谈话计划,按预定计划进行,不要随意更改。如交谈的主题、方式、内容、措词等,并做好谈话记录。交谈的双方要建立融洽的谈话气氛。谈话时不带有某种权威性,不采取训诫或忠告的方式,耐心倾听谈话对象的回答。

3. 试卷考查的评价方式

目前我们反对"应试教育",但这并不意味着反对考试、不要考试。通过考试可以为学生在覆盖较全面的各个知识领域提供反馈信息,使学生验证自己的学习情况。通过考试可以检查教师的教学效果,有利于教师分析教学上的优缺点,加强教学的针对性,减少盲目性。还可以为地理教学科学研究提供数据,为地理教学科研提供分析素材,促进地理教学科研、改革的发展。在实施地理新课程的过程中,不是废弃书面考试的形式,但不同的是我们对待考试的态度和方法。

新课程的实施应做到适合新课程目标的恰当选题,要提高命题的技巧和水平,编制出更多考察地理实践与应用能力的试题,从而提高学生的地理能力。试卷所设计的问题是开放的,能给学生留有足够的思考空间,而不是简单地从课本中找到现成答案。

4. 开展"辩论赛"的评价方式

开展辩论就是针对同一个问题,彼此表明自己的观点,揭露对方的矛盾,否定对方的主张,以便得出一个正确的结论。辩论要在摆事实的基础上讲道理,这就需要学生拥有充足的资料。设计地理学科中有价值、值得讨论的内容,让学生作为辩论的论题。

例如,在"开发极地"这个问题上,引导学生展开辩论。辩论主题分别是正方:人类开发南极是一件极有意义的事情。反方:人类应该维持南极洲这片处女地。这种开放式的学习任务,与地理学科的特征相吻合。学生在辩论中,并非一定要分出个胜负,而是在于相互探讨、商榷,进而交流、沟通、启迪,以期达到对知识的认识更明确,视野更开阔,看法更客观、更合理的目的,最终为培养学生实践能力与创新精神提供了广阔的“地理舞台”。

5. 撰写小论文的评价方式

对于拓展型和探究型地理知识部分的考查，可以采用在教师的指导下以学生个别和学习小组研究的形式，选取有关专题和课题，撰写小论文。这不仅能够使学生充分体验收集资料、处理信息、分析统计数据与资料的能力，更重要的是培养学生地理情意方面的内容，这是其他评价方式难以完成的。这种评价承认学生的个体差异，激发他们的各项潜能，有利于学生树立自信心、自尊心，引导他们的群体合作，使学生在学习过程中获得进步，找到差距和不足，学会取长补短，促进学生个体的发展。在科学态度、合作精神、探究问题、综合分析和解决问题的能力等方面也能得到发展，为学生的终身发展打基础，进而培养学生终身学习的能力。

6. 地理网络教学的评价方式

现代信息技术给教育带来观念上的变革。地理网络教学的评价方式关注的是学生的自主学习能力。利用网络建立的一些教学评价系统，能够客观公正地对教学过程进行跟踪、监测和考核，并能根据评价的结果来调控学习过程和学习策略，从而切实提高学习效率。例如，利用网上在线考试、网上在线评估等软件，对学生进行网上测试，测试包括地理单元测试和综合测试，并时时跟踪记录学生的情况，了解学生综合应用所学知识解决实际问题的能力。

计算机还可以将学生进行地理网络学习期间的成果展示、电子作品、学习体会和评价表等归纳汇总，整理成个人的“学习档案”存入服务器，这样可以反映某一阶段学生的发展状态和取得的进步，便于教师的检查与指导，作为以后学生学习的模板。这样做不仅使学生更清楚地认识到自己在地理学习过程中的进步，并能使教学目标变得具体、生动、亲切，更有效地激发学生自主学习和开拓创新。另外，还有地理课件制作、地理知识竞赛、地理摄影、地图编绘、墙报编辑、课题设计，与学生座谈、学生自评和互评等方式。

总之，对学生的地理学习评价要注重评价形式的多样化和针对性，从实际出发，选择和运用恰当的评价方式，以增强评价的针对性，发挥各种评价方式的优势，克服其局限性。

资源链接

[1] 李家清.论地理教学设计的理论基础与基本方法.中学地理教学参考.2006,(1).

[2] 李家清.新课程高中地理教学评价的实做研究.教育科学研究.2005,(11).

[3] 教育部基础教育司,师范教育司.普通高中新课程研修手册·新课程与学生评价改革.北京:高等教育出版社,2004.

[4] 段玉山.高中地理教学评价.长春:东北师范大学出版社,2006.

教学反思

【反思文章】

课堂上的教师口头评价语言一般都属于形成性评价。一般地说,形成性评价不以区分评价对象的优良程度为目的,不注重对被评价对象进行分等鉴定,但是,这样的评价同时也承担着诱发或唤醒学生潜能的任务。例如在课堂教学中,如果一个学生积极思考,用于创新,但语言表达能力欠佳,逻辑性不强。作为教师该怎么做?一种是反复纠正他的语言表达顺序,强调正确的语言组织能力;另一种是通过仔细倾听,尽量理解他的意图,并对回答中经过了独立思考得出的结论给予充分的肯定和鼓励。答案无疑应该是后一种。

【反思探究】

课堂上教师的语言是师生交流的最直接、最有效的教学工具。新课程改革的核心理念是"为了每一位学生的发展",根据这个观点,对于具有不同智能组合、不同个性的学生,我们应该关注学生的学习过程,对学生课堂中所表现出来优点和强项予以肯定和激发,促进和发展他们的智能强项,重视对于学生情感、态度、价值观的评价和培养。所以,当教学过程中出现学生的回答不太理想甚至错误的时候,教师不要一味地加以否定或指责,应该试着从其他智能的角度给予学生以积极而又客观的评价,尽量减少对学生学习情绪上的伤害,以保护学生学习的积极性和自信心,以期进一步培养他们学习的积极性,促进他们的全面发展。

第 14 讲

地理教学评价的改革与思考

思考研讨

1. 新课程改革下地理教学评价有何变化？
2. 如何理解地理教学中的形成性评价？
3. 评价者在地理教学评价中的作用？

理论概述

新课程高中地理教学评价要努力实践新课程评价的基本理念，包括学生对地理知识理解与应用的评价、地理技能形成与运用的评价、地理科学方法掌握及应用质量的评价、情感态度与价值观形成的评价；地理教学评价的实践操作，应遵循地理教学评价的基本标准，包括地理课程标准、考虑区域背景差异和教学过程的生成性；地理教学评价的主体应多元化，评价方法应多样化。

一、教学评价的改革趋势

过去很长一段时间，评价过程和教学过程相脱离，因而评价的结果是学生"知晓"什么，而不是学生"能做"什么，所评价的许多内容是被肢解的知识片断，难于评价创造力等综合运用知识的能力；又由于评价对教学的导向功能，为了追求标准化考试的成绩，教师必然会坚持以传播应试知识为主的教学，很可能忽略学生能力的培养，从而对教学改革在某种程度上产生负面影响。因此，课程教学改革与传统评价方式的矛盾一直存在，教学评价的变革成为教育改革不可回避的问题。新课程下的地理教学评价的改革趋势主要有以下六个方面：

1. 评价强调促进与提高

以往的教学评价对教师来说，多着眼于教师个人的工作表现，其评价结果与该教师的提职、晋级、加薪等利益联系在一起，对学生来说，就是关注成绩和升学率，其评价结果单一片面。教学基本功大赛、优质课评比、教学能手比赛等各种名目的教学评比活动应运而生。在这些活动中也的确涌现出一些优秀青年教师和优秀教学案例，在一定程度上对教学改革起到了积极的促进作用。但新课程则要求在更大范围内、更深层次上调动全体教师和学生参与教学改革的积极性，突出其发展性价值。教学评价不仅要关注结果，更要关注教师教与学生学的过程，提出针对性的改进建议。

2. 评价注重教师的主动参与

传统教学评价中，教师处于被动地位，以领导、教研员或专家自上而下的评价为主。新课程标准下的教学评价则要求成为教师、管理者、同事、学生乃至家长等多主体共同参与的交互活动。教师的自我评价是教师专业成长的内在机制，是发展性课堂教学评价的关键。这是因为教师是实施教学的主体，他本人最了解教学设计与实施环节中的内心历程，清楚所教学生的水平、特点和需求。只有充分听取教师的自我剖析，才能提出贴切的、富有建设性的评价意见。全体师生主动参与评价，能最大限度地激发其自我改变、自我完善的欲望和热情，使双方都真正从评价过程中获益。

3. 评价更加关注教学双方的共同发展

以"人的发展"为本是基础教育课程改革的出发点和归宿。在新课程理念下的地理教学目标，理所当然地追求"人的发展"。在地理教学中的"人"应包含"学生"与"教师"两种对象，"人的发展"应为学生与教师的共同发展。

地理新课程功能上的变化引发了课程目标、内容以及教学方式的变革，要求教师在教学中不能单纯注重知识与技能的传授，更要关注学生学习的过程与方法，注重学生学科共通能力、情感态度与价值观的培养，让学生学会学习、学会做人、学会共处、学会做事，实现学生全面和谐的发展。因此，教师的教学评价内容从传统的注重认知目标的达成转向兼顾教师的教和学生的学，关注教学对学生学会学习和终身发展能力的影响上。

4. 评价标准更加灵活有创造性

① 教学内容具有逻辑规律性，学生所接受的知识与已有的观念、经验乃至整个精神世界相匹配，为学生主动探索新知提供必要的生长点，具有应用价值，能增强学生的实践能力与可持续发展的能力。

② 教学思路上更关注培养创新精神与实践能力，提高学生整体素质，让学生有充分的观察、操作与独立思考或群体合作与交流的活动或机会，获得学习、记忆、思维的一般方法的感悟，增强自我意识和自我控制能力。并且师生关系要民主、合作与互动，其中互动包括思想共振、情感共鸣与活动默契等方面。

③ 学生在学习中要积极参与学习全过程,有适度的紧张感和愉悦感,能自我控制和调节学习情感。积极思考、敢于提出挑战性问题、发表创造性见解。地理学习信息联系与反馈及时互动,各尽所能、学有所得,学会自主学习和群体合作,并对以后的学习充满信心。

④ 教师具有教材、语言、活动等组织和驾驭地理教学活动能力。能将注意中心从自己的思想或教案转移到全班学生的思想上,具有敏捷快速地捕捉教学过程中各种信息的能力,并灵活果断地采取措施,推进教学进程,能整合、变通有利于教学的各种课程资源,跳出学科地理而进入生活地理。

5. 评价主张人文性和发展性

新课程强调整个评价过程要注重体现人文性和发展性,强调将完整的有个性的人作为评价的对象,通过评价促进学生个性的充分发展和教师教学水平的提高,主张重视其精神状态和情绪体验,注重通过评价促使其获得发展、取得进步。对教学评价主张在相互信任和相互尊重、民主和谐的氛围中组织评价活动,并把教学活动中人性的表露纳入评价视野。

二、教学评价多元化的思考

1. 多元化评价的产生及其优点

随着科学技术的革新和信息时代的来临,知识论也发生了变化,知识被视为一个过程,而不是结果,知识体系处于不断的变动更新状态。从国际地理教育课程和新课程下地理教学改革趋势来看,充分重视学习过程,重视教学过程中学生创造能力的培养已成为共识。因此,教学改革的一个重要目标,就是关注教学过程和学生的学习,注重引导学生以适应自身的学习方式来学习,以形成思考和解决问题的实际能力。

传统评价方式是静态的评价方式,不利于将评价和教学过程结合起来,尤其忽略了对学生思考能力、问题解决能力形成过程的考查,它们是地理教学评价的两个要求。由于不同的人可能擅长于不同的智能方式学习,因而人类的知识表征与学习方式有许多不同的形态,个别差异在教学中不可忽视。如果认为学生可以使用不同的智能方式来学习、记忆、表征和应用知识,那么用单一的教学评价方式来评价学生必定是有局限性的,取而代之的方法应该是多元评价,用多种评价手段和方法来衡量不同的学生。只有这样才可能真正发挥评价的功能,培养出具有分析、思考和问题解决能力的学生,让学生发挥其所长。

多元教学评价优势主要有:第一,问题或作业情景接近真实的生活经验。标准化测验的情景与真实生活不符,而实作评价等多元评价方式所评价的是学生在学习情景中的真实表现,评价常常在学生解决课业问题、从事专题研究、参与感兴趣的作品等情景下进行的,容易得到学生的认同,同时也导向了课程与教学关注能力的培养及与生活的联系。第二,有利于群体合作。由于一些实作评价的作业必须依靠小组合作实践才能完成,因而不仅有利于学生掌握完整的知识和概念,而且有利于发展学生合作沟通的能力。第三,有利于发展学生的批判思考能力、问题解决能力以及创造能力。实作评价提供了学生自我建构知识的弹性空间,学生可对自己的学习负责。这样,可增进学生对教学的参与程度,激发创造和自我评价的动机。

2. 多元化评价方式在实际推广中的问题

评价与教学是相互影响的,自20世纪90年代多元教学评价在美国流行以来,美国教育界做出了许多努力以推进多元教学评价的实施和深化,实作评价所产生的真正影响还有待进一步的实践、研究和观察。新课程要求教学评价注重学习过程评价和学习结果评价的结合,强调形成性评价与终结性评价相结合、定性评价与定量评价相结合、反思性评价与鼓励性评价相结合,实现评价目标多元化、评价手段多样化和评价形式多样化。新课程倡导的评价理念应是地理教学评价的指导思想。但基于对我国国情和教育现状的考虑,多元评价方式在我国实施尚存在许多难点。

首先,是有关时间与经费的问题。多元评价一般贯穿于教学过程之中,因而在实施和记分上花费时间较多;与纸笔测验相比,多元评价的持续时间较长,相应的操作过程需要设备和物资的支持,费用较大。

其次,关于评价专业知识的问题。多元评价需要掌握较多有关多元评价的专业知识,要确定观察评价的重点,制定和掌握适当的评分标准。因此,在推行实作评价之前,应制定相应的评价标准和程序,加强评价培训,否则,实作评价可能被误导或偏离评价目标。因此多元教学评价在我国广泛地推广尚有一定难度。

多元评价重评价过程,重学生对知识的自我建构,重评价与真实生活的联系,重问题解决与创造能力培养等理念,对于转变改革过程中教师的传统教学观念具有重要意义,这种重学生个体差异和能力的评价观念,将对课程与教学改革产生深远的影响。实施高中地理教育多元评价的实作性研究既是对传统纸笔测验的一种挑战,也是对纸笔测验方式的必要补充,现阶段虽然不可能全面推行多元教学评价方式,但逐步把实作评价等方式引入课程和教学改革之中,将为学科教学及其活动的评价提供新思路,弥补纸笔测验带来的不足。

资源链接

［1］李家清.新课程高中地理教学评价的实做研究——以必修(2)“人口与城市”为例.教育科学研究.2005,(11).

［2］陈澄,樊杰.全日制义务教育地理课程标准解读(实验稿).武汉:湖北教育出版社,2002.

［3］陈玉琨.教育评价学.北京:人民教育出版社,1999.

［4］杨九俊.新课程教学评价与设计.北京:教育科学出版社,2004.

教学反思

【反思文章】

地理教学系统是由地理教学目标、教师、学生、教学内容(课程、教材)、教学方法、教学媒体、教学反馈和教学环境等因素构成,地理教学过程是一个多因素组成的复合系统。各个教学单元的教学目标在知识与技能、过程与方法、情感态度与价值观上的要求和侧重点不同。学生个体存在多样性和差异性也使得学习心理、学习方式特点不同。所以,要求多元化的教学评价。例如,以学生智能来说,智能的种类是多元的,主要包括语言、逻辑数学、空间、身体运动、音乐、人际关系、内省(自我意识)、自然观察等8种智能。从关系上讲,智能在相当程度上是彼此独立存在的。智能的这种独立性,意味着即使一个人有很高的某一种智能,如地理空间想象智能,却并不一定有着同样程度的其他智能。从重要性上来讲,每种智能都有同等的重要作用,并不一定要在某一个领域成功才算智商高。因此,我们提倡多元化的评价。

【反思探究】

在多元化评价的实作中,以下问题值得我们地理教师思考:所谓“教学有法,教无定法,贵在得法”。学生情况不同,学校的教学资源不同,教师的教学特长不同,教学方法也不尽相同,怎样评价教学方式、方法的包容性和相对性?在积极倡导改革的同时,还需不需要传统教学中优良的部分?又该用怎样的评价手段来鉴别和保留优良的传统教学?

教学资源篇

- 地理教学中的案例教学
- “活动”在地理教学中的作用

第 15 讲
地理教学中的案例教学

思考研讨

1. 什么是案例？什么是案例教学？
2. 中学地理教学中如何实施案例教学？
3. 案例教学的收获与局限性。

理论概述

一、案例与案例教学法

案例教学法也叫实例教学法或个案教学法，最早是由古希腊哲学家苏格拉底提出来的，原是讨论问题的方式。但它真正作为一种教学方法的形成和运用，却发生在1910年美国哈佛大学的法学院和医学院。20世纪初，案例教学开始被运用于商业和企业管理学，其内容、方法和经验日趋丰富和完善，并在世界范围内产生了巨大影响。

（一）案例及其特征

案例教学中最为突出的特征是案例的运用，它是案例教学区别于其他教学方法的关键所在。那么，什么是案例呢？简单地说，一个案例就是一个实际情境的描述，在这个情境中，包含有一个或多个疑难问题，同时也包含有解决这些问题的方法。综观整个高一地理新教材，可以概括出案例具有以下特征：

1. 案例都来源于实际情景

每一个案例的来源，都涉及实际情景中的一项决策或一个疑难。这种情景可存在自然地理、人文地理的方方面面，教师可基于这种情况，对教学进行设计，并引导学生对其进行探索。

2. 案例的内容都为一定的教学目标服务

案例的内容因不同的教学目标而大相径庭，但大都包括一项决定或决策。案例的长与短、宽泛与具体，几乎没有一个明显的范围界限。不过，在案例中应有足够的信息让学生认识到案例中所涉及的组织、情境和状况等。

3. 案例的测评具有较大的灵活性

测评是案例教学中的一大难题，同时也是其区别于其他教学方法的一大特色。一般地说，最终的测评依赖于学生对案例中所涉及的解决问题方法等的运用，它不以卷面测试为唯一形式，而是涵盖个人准备的情况以及小组讨论、全班讨论参与程度等在内的多种形式。

（二）案例教学法

案例教学法(case study)是指利用以真实的事件为基础所撰写的案例进行课堂教学，让学生通过对案例的分析，充分表达自己的见解，以达到高层次认知学习目标的一种启发式教学方法。案例教学法是目前国际上最为流行的一种教学模式，于20世纪80年代初期引入我国。

案例教学法十分重视学生的主体性、主动性、自主性的发挥，无论是“从例到理”，还是“从理到例”，都注重引导学生通过案例分析，从而发现概念，并学会运用概念较好地解决实际问题，其目标不以结论为满足，而在于使学生认知事物形成过程的规律。

与其他教学方法不同，案例教学不仅仅是一种教学技能、技巧，其中的内容都有着独特的来源、性质、内容编排体系。此外，这种方法不单单指向于教，而且也涵盖学在内，要求教师与学生都要有相当大的行为变化。如讲授美国的新兴工业区——硅谷这一案例，教师首先有责任去认真组织所要讨论的材料，并考虑呈现的时机、呈现的方式，而学生则要对教师所提供的具体事实和原始材料进行分析、讨论，并从中得出结论。在整堂课上，每一个个体都需要贡献自己的智慧，没有旁观者，只有参与者，这就大大缩短了教学与实践的距离。从案例教学的结果来看，一方面，案例教学能丰富学生对所学理论知识的感性认识，拓宽知识面；另一方面，还能培养学生的业务素质与专业意识以及参与活动的积极态度，开发学生的智能，提高其实际运作能力，保障了教学目标的全面性和学生的全面发展。

二、案例教学的作用

案例教学是一种启发式教学，它能使学生产生身临其境、感同身受的感觉，它是学生学习地理的一种好方法。

（一）能更好地巩固所学知识点，增强学生学习的自觉性，提高学生分析

问题、解决问题的能力

案例教学是有针对性地运用理论知识去分析实际问题，它不仅要知其然，而且要知其所以然，知其应该用于何处，解决什么样的问题，从而既加深对课堂教学内容的理解，又增长在实际中运用地理知识的能力。如在讨论影响城市的区位因素时，不仅要求学生深刻领会各种区位因素的类型、内涵，拓宽自己的知识领域，还要学生及时发现自己理论知识的不足，启发学生解放思想，展开讨论，使学生在讨论中突破教材中的重点，对城市区位问题有较深的理解，达到真正能够解决实际问题的程度。这样就可以既懂原理，又会操作，把学生学习地理知识引向更深的领域。

由此可见，案例教学法对学生的要求更严格。由于案例教学的特殊性，使学生由被动接受知识，变为接受知识与主动探索并举。学生将应用所学的基础理论知识和分析方法，对教学中所使用的案例进行理论上更广、更深的拓展和深入。通过阅读、调查和分析，进行一系列积极的创造性思维活动，遇到问题时不是漠然处之、无从下手，而是以一种愉悦、亢奋的心情迎接它，并顺利解决它。

（二）有利于增强教师和学生之间的互动关系，促进学生思考能力和实际操作能力的提高

在案例教学中，学生成为学习的主体，但并不是说教师就可有可无，或者说教师在案例教学中只是一个旁观者。而恰恰相反，教师的作用仍然十分重要。在案例教学的整个过程中，教师与学生的关系应该是“师生互补，教学相辅”。学生在阅读、分析案例和课堂讨论等环节中发挥主体作用，而教师则起着“导演”的作用，在课堂讨论中应充分发挥因势利导的作用，让每一个学生的能力都得到充分发挥。

另外，学生通过对案例的讨论学习，增强了个人自信心和相互合作能力。而且通过案例教学，也会使学生更清楚地认识到自己在学习中的长处和不足，以此改进自己的学习方法，找准努力的方向，为自己将来的发展提供更坚实的基础。

（三）有利于造就新型地理教师，提高课堂教学水平，更好地培养创新人才

案例教学法对地理教师的工作热情、教学能力、知识结构等的要求都很高，既要求教师具有渊博的专业理论知识，又要求教师具备丰富的教学与实践经验，并将理论与实践融会贯通；既要求教师不断地更新教学内容，不断完善教案，又要求教师更加重视目前改革开放的社会经济实际，对现实中的问题保持高度敏感，不断地从实际生活中求索适宜地理教学的案例。采用案例教学法可调动教师教学改革的积极性，更好地发挥教师在教学中的主导作用，从而使教学活动始终处于活跃进取的状态，不断提高教学质量和教学水平。

三、案例教学的实施

案例教学的实施一般采用以下几个环节和步骤来进行：

（一）确定案例教学目标

从布卢姆等人的有关研究中可知，案例教学一般应达成以下目标：

① 教学目标陈述的是学生的学习结果，反映的是学生在认知、情感、动作技能等方面的行为变化，而不是教师应该做什么。

② 教学目标应力求明确、具体，可以观察和测量，尽量避免用含糊的、不切实际的语言陈述目标。也就是说，它应当用特定的术语描述在教学后学生应能做以前不能做的事情。

③ 教学目标应尽量反映学习效果的层次性。

（二）确定教学案例形式

这主要包括案例的分类及案例的难易程度。在当前的地理新教材中，从不同的角度可以将案例进行以下分类：

（1）依据地理案例内容划分

依据地理案例内容的不同，可将案例分为自然地理和人文地理两类，或者分为世界地理、中国地理和乡土地理等类别。例如，高中地理新教材在阐述海洋空间资源的利用这一内容时，引用了"鹿特丹港口的土地利用"和"澳门历年填海范围"两个案例，引导学生深入分析和理解地理区位原理。其中的案例类型就涉及多种类型。

（2）依据地理案例形式划分

依据地理案例形式的不同，可以将案例划分为文字材料和地理图像两种，或两者兼有。相比之下地理图像案例比较直观、形象，蕴涵有丰富的地理信息。如教材"长江三角洲的发育"和"南极臭氧空洞"两例，通过一组图片，反映长江三角洲的生长发育和南极臭氧洞的消长过程，从而揭示出其中的地理演变或成因规律。

（3）依据地理案例情境划分

依据地理案例情境的不同，可以将案例划分为语言情境案例和实际情境案例。例如，教材中"关于李守银家的农业发展状况及相关讨论"，就是一个实际情境案例。通过这一案例的教学阅读，可以让学生体验一个真实的情境，通过讨论，由师生共同获取解决问题的方案。

（4）依据地理案例用法划分

依据地理案例用法的不同，可以将案例划分为讲解式（印证式）和讨论式案例。例如，教材中"关于大气保温气体使全球变暖"的案例，就是一个典型的讨论式案例。至于一个案例的难度水平，则主要是考虑学生是否能够在原有的知识和能力基础上加以接受。在通常情况下，讨论式案例比讲解式（印证式）案例的难度要大一些。

（三）课前准备

课前准备包括对学生的准备和教师的准备两方面：

学生的准备主要分析学生在案例教学中应承担的角色，这是学生乐意参与案例教学、成为一个积极参与者的前提。这里的角色无非是两种：个人分析和小组讨论。

教师的准备应从内容的掌握、教学中的重点和难点以及教学的组织三方面着手，其中以教学的组织最难把握。如学生的作业、时间安排、提问名单等，教师都应该进行充分的考虑和仔细的酝酿，因为这些内容直接决定课前准备是否有真正的效果。

（四）教学过程

包括上课前的准备、案例讨论前的“热身”、案例讨论、结论四个基本部分。在教学过程中，教师作用很大，他既是教学的组织者，更是教学的引导者。一般来说，在教学过程中教师要做到：

① 组织讨论并保证课堂秩序井然有序；

② 及时提出切中要害的问题和关键性的问题；

③ 把学生个体的讨论意见集结和综合在一起；

④ 要具有严格而恰当的时间概念；

⑤ 要将自己置身于讨论之外；

⑥ 避免总是使用同样的案例；

⑦ 协助学生理清思路，使他们的观点更能站得住脚；

⑧ 仔细斟酌教学参考书中给出的相关建议。

（五）案例教学的评价与反馈

案例教学的评价与反馈是对前一阶段案例教学的概括和提升，一般由教师来完成。可以对学生行为进行评价和反馈，为学生更加积极参加案例教学做出有意义的总结；可以就案例质量进行评价，全面考察教学中使用的案例是否激发了与教学目标相应的讨论，是否能够使学生通过讨论掌握相关的知识概念和技能，或者提出一些发人深省的问题，促使学生开阔视野、调整视角，从而进行深入和广泛的思考。

案例分析

【案例】

"农业的区位选择"案例教学

知识目标:1. 了解和掌握区位的概念;

2. 理解农业区位因素及其发展变化对农业生产的影响;

3. 能对不同的农业部门进行合理的区位选择和评价。

智能目标:通过案例的分析,培养学生分析、解决地理问题的能力。

思想目标:树立农业生产要因地制宜、并实现人地协调发展的观念。

教学重点:农业土地的合理利用。

教学难点:如何因地制宜,合理布局农业生产的区位。

教学方法:案例教学法、问题探究式教学法、图表导读式教学法等。

教具准备:多媒体课件。

课时安排:1 课时。

教学过程:

导入新课

农业生产是自然再生产和经济再生产相统一的过程,农业生产活动有多种类型,并具有地域性的特点(展示:三江平原的种植业和青藏高原的游牧业)。提问:世界已有多种农作物和驯化了的动物,那为什么这两个地区要选择各自不同的生产方式呢?一块土地放在面前,到底怎样去安排农业生产才是合理的呢?有哪些要素是需要考虑的呢?怎样考虑呢?这就是本节课要研究的农业的区位选择问题。(板书:5.2 农业的区位选择)(转)注意,这里出现了一个新的概念——区位,什么是区位呢?同学们在课本上找出它的定义,看看是否等同于位置。

新课教学

先让学生讨论,然后归纳:区位与位置不同,区位包含两层意思,一方面指该事物的位置,另一方面指该事物与其他事物之间的空间联系。(板书:区位——位置,事物之间空间联系)

由于位置往往是固定的。因此,我们通常更多的考虑是后者,也就是事物之间的空间联系。这里有哪些因素会影响到农业的区位选择,怎么影响的呢?接下来我们就来学习农业的主要区位因素。

对于农业的主要区位因素这部分内容,我们可以从两则案例谈起。请同学

们认真阅读下面两个材料，注意其中黑体字的内容。（板书：一、农业的主要区位因素）

案例一

据北京电视台“第七日”报道，北京地区某街道两旁种的竹子几乎全都枯死了。记者进行了相关采访后了解到：竹子是常绿浅根植物，要求温暖湿润的气候条件。温带竹区的年平均气温为12～17 ℃，1月平均温度－2～4 ℃，年降水量700～1 000 mm；亚热带竹区的年平均气温为15～20 ℃，1月平均温度4～8 ℃，年降水量1 000～1 500 mm。竹的根系集中稠密，竹秆生长快，生长量大，蒸腾作用强，对土壤、水肥条件要求较高，土层深厚、肥沃湿润、富含有机质、呈酸性反应的土壤最适宜生长。北京的气候和土壤不适宜竹子生长（表15－1）。由此看来，该地区的竹子死亡不是管理不善造成的。该地区街道两旁选择种竹子是由本地区主管部门领导决定的，是从我国南方地区（亚热带竹区）引种的。

表15－1　北京与南方地区气候资料比较表

地区	南方地区（秦岭—淮河以南）	北京地区
1月平均气温	0 ℃以上	－4 ℃
年平均降水量	800 mm以上	609 mm
土壤	酸性	碱性

案例二

据《北京晚报》报道，通州区2007年从美国、欧洲引种树莓获得成功。树莓，亦称红莓，主要分布在寒带和温带地区，中国南北各地有野生。人工栽培最早始于欧洲，中国仅东北地区栽培。树莓根系较浅，要求疏松的土壤和较好的肥水管理。另据报道，2003年春，在北京八达岭长城东北部的永宁镇，有一片40公顷的玉米田被改建成国际标准化的树莓种植园。根据地方政府的规划，今后五年左右，位于长城北侧的北京延庆县境内的40万亩玉米田将有50%分批改建成树莓种植园。届时，树莓将达到20万亩。这是北京市为优化生态环境，防御蒙古高原风沙侵袭首都、建立环北京森林生态屏障而积极推行“退耕还林”政策的一项重大举措。届时，采摘、品尝红莓成为一项普及的休闲旅游活动。在欧洲、日本等发达国家和地区，红莓果被誉为“黄金浆果”，广泛用于饮料、食品、糖果、冷饮和鲜食。树莓在我国刚刚起步，国际市场需求量大。因此，树莓将成为我国新兴果业的先锋树种，发展前景十分广阔。

附：北京延庆县永宁镇部分自然资料

永宁镇位于延庆盆地东部，地势东高西低，东、南、北三面为山区及半山区，中部为平原，海拔在490.6～800 m之间。新华营河（妫水河的上游）流经镇域西部，白河南干渠、北干渠从镇区穿过，山区水资源丰富，生态环境非常优越，土壤、水质、空气的洁净度基本与瑞士日内瓦处在同一水平。属温带大陆性季风气候，年平均气温8.7 ℃。

案例应用

思考一：北京从我国南方地区引种的竹子失败了，而延庆县永宁镇从欧美地区引进的树莓却获得了成功，为什么？

结论：气候、土壤（板书）

分析：

1. 光照、热量、水分等气候因素对农业区位的影响极大，不同的动植物生长发育要求不同的气候条件，而气候条件的分布往往具有地域性。

2. 土壤是作物生长的物质基础，不同种类的土壤，适宜生长的作物不同。

思考二："北京从我国南方地区引种竹子"，"延庆县永宁镇从欧美地区引进树莓"这两个举动中撇开自然条件不考虑，有没有什么非自然的因素在影响这种行为呢？

结论：政策、市场

分析：

1. 世界各国的农业，都受到国家政策以及政府干预手段的影响。北京竹子的引进就是政府决策的结果，永宁镇树莓的引进也是北京城市规划的一部分。

2. 市场的需求量最终决定了农业生产的类型和规模。

小结：通过以上分析，我们看到影响农业区位选择的因素很多，大体上可以分为自然和社会两大部分——投影图"影响农业区位选择的主要因素"，补充其他重要的农业区位因素。

跟踪训练：农业在三江平原与青藏高原进行不同区位选择的原因

思考三：北京地区是否就无法种植竹子了？有哪些办法呢？

结论：自然因素的利用和改造（板书）

分析：

1. 一方面可以通过培育良种、改良耕作制度等扩大南方竹子的区位范围。

2. 另一方面我们注意到，北京地区种植竹子，目前来说气候、土壤、水分等都存在较大障碍；但这些障碍并非都是决定性的，例如可以通过建立温室等方式改造当地的光、热、水等条件，从而让竹子度过不适宜的冬春季节。另外对于所需酸性土壤我们也可以通过人为方式改造。

跟踪训练：

1. 双季稻生产、小麦种植的例子。

2. 玻璃温室、梯田、茶园喷灌等。

思考四：当前阶段，你要是北京的城市规划部门的主管领导，你真会不惜一切代价，去改造当地的自然条件吗？

结论：不会

分析：对自然因素的改造，要根据当时当地的经济技术条件，并充分考虑到投入和产出比，另外还要注意保护环境。

思考五：北京市的远郊区县在自然条件许可的情况下能否都种植树莓？

结论：社会经济因素是发展变化的(板书)

分析：北京引种树莓可以说一方面是自然条件适合，另一方面也是因为树莓有着巨大的市场需求量，但是市场等社会经济条件不像自然条件具有相对的稳定性，它处于不断的变化之中。

跟踪训练：

1. 城市周围将生产的重点转为蔬菜、肉、蛋、奶以及园艺业。

2. 果树的种植面积随市场价格的变化而变化。

3. 北京冬季可以吃到南方的蔬菜。

4. 荷兰的鲜花装点着世界；美、加、澳、法等国成为世界主要的商品粮食生产国；荷兰、丹麦、新西兰等成为世界主要的乳畜产品供应国；拉丁美洲、非洲以及东南亚、南亚成为世界热带经济作物的生产基地。

5. 我国的棉花价格与棉花种植面积之间的关系。

边练，边总结并板书。

板书设计：

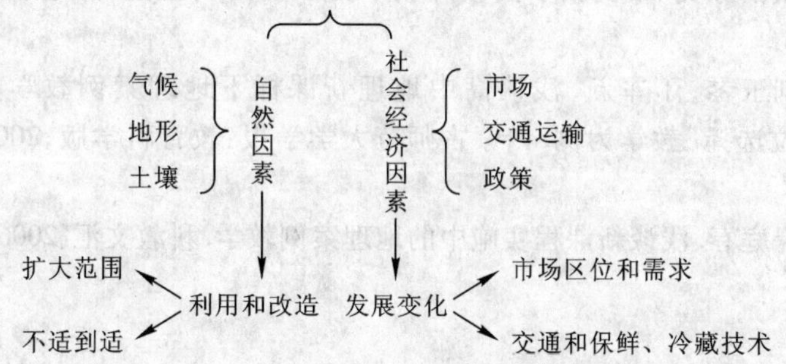

【点评】

通过这一课的学习，我们了解到影响农业区位选择的因素是多种多样的，有自然因素，有社会经济因素。对于有利的自然因素可以加以充分的利用，不利的因素可以在考虑技术、效益、生态等的前提下加以合理改造。社会经济因素不同于自然因素，它处于不断的变化之中，需要用发展的观点去分析。只有方方面面的因素都考虑到了，才能保证选择出对农业土地的最合理的利用方式。

资源链接

[1] 郑金洲. 案例教学指南. 上海：华东师范大学出版社，2002：221.

[2] 邱文英. 地理案例教学流程探讨. 现代教育论丛，2006，(4)：52-54，65.

[3] 胡永生. 中学生研究性学习的方法与范例. 上海：上海交通大学出版社，2001.

[4] 蔡珍树，王文. 案例教学法在中学地理教学中的价值和运用. 教学与课程研究，2007，(6)：107-108.

[5] 燕志刚. 中学地理案例教学模式中学生能力培养探索. 内江科技，2007，(5)：134.

[6] 王振达. 中学地理课案例教学探析. 文教资料，2006，(30)：83-84.

[7] 蒋海荣. 中学地理课堂教学导课十六法. 成都教育学院学报，2006，20(9)：75-76，81.

[8] 张国成，林新堤. 中学课堂教学减负增效的策略. 中国教育学刊，2006，4：43-47，51.

[9] 任齐娟. 运用"题例—小结—习题"模式复习"地球的运动". 中学地理教学参考，2005，(7-8)：55-56.

[10] 欧阳豫樊. 案例教学法教师教学方法的可行性选择. 继续教育，2007，(8)：45-46.

[11] 刘玉琴，丁军新. 浅谈高中地理新课标下地理案例教学方法——以"农业的区位选择"教学为例. 内蒙古师范大学学报：教育科学版，2006，19(12)：134-136.

[12] 保庭春. 浅谈新课程实施中的地理案例教学. 科教文汇，2006，(11)：102.

教学反思

【反思文章】

一、高中地理案例教学的三个鲜明特征

1. 以学生为主；

2. 重视实践和归纳；

3. 明显有别于传统教学。

二、案例教学的收获

高中地理新教材提供了大量的直观形象的典型案例，通过不断尝试，收获颇多：

1. 学生通过案例教学得到的知识是内化了的知识，虽然他不一定把所学到的东西一一罗列或用书面的形式展现出来，但他逐渐学会了如何处理众多的疑难问题，并能够将新获得的知识与能力与原有的知识、能力加以整合。

2. 通过案例教学，学生不仅可以获得认知的知识，而且有助于提高其表达、讨论技能，增强其面对困难的自信心。在案例教学中，学生有着较大的自主权，他们参与讨论与交流是其中至关重要的一个组成部分。

3. 案例教学大大缩短了理论与实践的差距。学生在学的过程中，就能设身处地的从实际的场景出发，设想可能遇到的种种障碍，自己有可能产生的种种偏见，解决问题的多种可能方案。

4. 案例教学可以帮助学习者理解教学中所出现的两难问题，掌握对教学进行分析和反思的方法。

三、案例教学的局限性

任何一种教学方式、方法都有其局限性，案例教学也不例外：

1. 案例教学对教师的要求较高，难以达到预期的教学效果。它常常要求教师必须经过良好的训练，也就是说，在教师的培训上，它所需要的时间一般要比运用其他方法进行教学的教师培训的时间长。

2. 案例教学的效率有时较低。案例教学以学生的积极参与为前提，以教师的有效组织为保证，以精选出来的能说明一些问题的案例为材料，而要做到这些方面的有机结合往往比较困难，有时会产生耗费时间较多而收效甚微的结果。

3. 案例叙述的是某一事件，案例与案例之间在事件的叙述上常常是不连续的，没有什么严整的结构，这样，学生所获得的知识、技能等，也就难以汇总进一个整体框架中。因此，案例教学存在着这样一种危险，即缺乏对概念、原理等概括化知识的批判性分析能力的培养，因为案例中的事件的叙述是远离那些抽象的概念和知识的。

4. 高中案例教学因受教材、教学对象、教学辅助条件等的影响，特别是受高中分科、应试教育的影响，给课堂分析、讨论和实践调查带来了困难；同时案例教学对地理概念、地理原理方面的掌握效果不好。

最后，案例可能也会使学生形成一些不正确的概括化知识。因为有时某一或两个案例所展现出来的信息非常吸引人，学生也深受其影响，但是他在这一两个案例上形成的概括化认识，也许远远不能说明事物整体，这样也就出现了一种“过度概括化”的现象。

【反思探究】

总之，高中地理新教材的取材接近生产和生活，比较适合案例教学。进行案例教学既可以加深学生对气候资源的理解，又可以培养学生独立思考、综合分析问题的能力以及理论联系实际的能力。案例教学在地理教学中的运用目前还处于起步阶段，还有很多细节有待完善。但随着地理教学改革的深入，案例教学在地理教学中的应用会逐渐发展成熟，它不仅会充分发挥其应有的作用，更会促进地理教学的改革与发展。

第16讲
“活动”在地理教学中的作用

思考研讨

1. 高中地理新教材“活动”内容设计的原因及意义是什么？
2. 如何发挥“活动”在地理教学中的作用？
3. “活动”课的收获与局限性有哪些？

理论概述

一、活动教学的内涵、实施策略与实施途径

（一）活动教学的内涵

“活动”是活动教学的核心概念，活动教学意义上的活动遍及教学全过程，它强调的是学生主体主动的，有思维积极参与的，观念与行动相统一的，体现一定创新精神的，能满足学生多方面发展需要的多样的活动。具体来说，活动教学是在真实而富有意义的任务驱动下的“做中学”。活动任务是多方面的，有现实生活问题的分析解决，如当地的环境问题调查；有通过观测、调查得出规律的，如月相的观测；对当地外来人口情况的调查；有模拟实验探究性质的，如温室效应的模拟；有信息交流性质的，如举办环境专题的报告会，等等。故既不应将活动教学等同于书本知识学习，也不应将它限定于排除书本知识的直接经验的积累。活动教学应以学生主体活动为主要形式，以激励学生主动参与、主动实践、主动思考、主动探索、主动创造为基本特征，以促进学生整体素质的提高为目的的一种新型的教学观和教学形式。

（二）活动教学的实施策略

1. 考虑实际，精心选择“活动”内容

恰当地选择“活动”内容有利于活动课的顺利开展。新教材设置的“活动”，并不完全适用于所有的学校或学生。所以在活动教学的实施中，教师一定要充分考虑到自己学校的条件、学生的能力及特点，精心选择“活动”内容（也可以结合当地或学校的实际，自己设计一些活动的内容）。具体来讲，可以根据季节，根据本地区自然环境、经济地理的典型特点，根据当地突出的人与环境存在的问题，所教学生的具体情况，根据学习内容的进度选择活动内容。只有活动的内容贴近学生的实际，才能保证活动教学的顺利进行和实际效果。

2. 结合教学，适当安排“活动”的时间

从时间安排来讲，活动教学可以分为三种类型：课前类、课中类和课后类。各种类型的“活动”有自己的特征和效用，教师应根据教学的实际情况加以考虑。

(1) 课前类

把“活动”内容放在课前，有助于学生对知识内容进行有效地预习，并能激发学生学习的兴趣和积极性，便于学生发现问题，解决问题。例如，在学习天气系统之前先安排学生观察记录当地最近的一次天气变化过程（提示学生注意冷暖、阴晴、风力的变化），这样在讲解到锋面系统对天气的影响时，学生就很容易利用已有的生活感知理解所学知识，从而做到“活动”与课堂讲解的有机结合。

(2) 课中类

课中的“活动”可以及时巩固新学的课堂聚焦知识，还可以活跃课堂气氛，调节学习情绪，以利于提高课堂中学生的注意力。例如，在学习了“热力环流”内容后，马上“在教室门口点燃一些废纸，让学生观察灰烬显示出的空气运动路线”，即加深了对受热地区空气上升这一知识点的印象，又调节了课堂气氛。

(3) 课后类

实践类的“活动”一般需要花费较多的时间，在课后做较多的工作，所以应该安排在课后进行。受到时间和其他条件的限制，这类活动一般开展的较少，所以尤其要注意活动的质量，精心安排，精心组织，确保安全和质量。比如对当地环境问题的调查、工业区的区位调查与分析等都可以属于课后类。

(三) 活动教学的实施途径

一般来说，活动教学的实施途径主要有以下三种方式：

1. 问题探究式

探究式学习有利于科学思维的发展。能够培养学生的问题意识和独立发现问题、提出问题的能力；培养学生主动获取信息、处理信息的能力；培养学生独立思考、解决问题的能力；培养学生的创新意识和创造性思维能力、动手实践能力。地理“活动”的内容显然是最适合采用探究式学习这种方式的，所以问题探究式天然是实现地理活动教学的有效途径之一。

2. 小组合作学习

小组合作学习有助于学生科学思维的培养。在传统的课堂教学中,学生的思维得不到较好的发展,往往缺乏分析精神,逻辑不够严密,对书本、教师的观点不加怀疑地完全认同。在价值取向和社会功能方面,存在典型的趋同性思维。而合作学习却能够让学生插上想象的翅膀,能够使学生大胆质疑,在讨论、辩论中小组成员之间思想相互碰撞,使自己的思维上升到科学思维的层次。

3. 开展地理观察、地理调查和地理实验活动

观察法在地理学习中应用极为广泛,它既可用于对实物、标本、模型、地图等的观察,也可以用于对自然现象和人文现象的观察。在地理观察活动中,教师要善于设计问题情景,让学生思考,同时鼓励学生积极思维、发现问题,寻找地理事物间的联系,比较事物间的异同点,注意地理现象的变化。

掌握地理调查的基本方法是培养学生科研素质的基本要求。教师可以结合乡土地理教学来培养学生的地理调查能力。如在学习商业网点布局一节之前,可以安排地理兴趣小组对本区的商业街进行实地调查。并在课堂上展示他们调查的结果,让学生根据这个调查来探究分析它们的布局与交通线路、居民区分布的关系。最后以这个调查为例让全体学生就自己所感兴趣或所熟悉的商业网点进行调查研究,从而进一步理解和掌握影响商业网点的区位因素。

二、高中地理教材“活动”内容的特点、设计与实施意义

(一) 高中地理新教材“活动”内容的特点

从结构设计看,新教材每一课的后面都设计了一个或几个活动题,这些活动题开放性强。如第四单元第七节陆地为人类提供自然资源这一节后有这样一个活动题:大部分自然资源具有多种功能和多种用途,综合性较强。假如有一条小河流经某镇,如果你是镇长,怎样综合利用这条河流?(考虑上下游关系)这是一个没有固定答案的题,在把握总的原则基础上,学生可以根据自己的想法进行大胆的设计。这样就使学生发散性和创造性思维能力得以培养。而自学园地中的技能篇,是围绕地理课的学习,让学生通过实践活动学会一些有用的技能。如利用卡片搜集整理资料、分析数据和知识结构、地理事物的表述(文字的、平面图的、景观图的)和地理观察方法等内容,这些活动利于培养学生开展探究性学习地理的能力和研究地理的基本方法。

(二) 高中地理新教材“活动”内容的设计

在现行的高中地理新教材中,每一节都设计了“活动”的内容,这是新教材与原教材相比,一个显著不同的地方。“活动”的出现,突出了新教材的开放性,

注重对学生能力的培养,它引导学生动手(实验、调查、操作)、动脑(联系实际分析问题)、动口(讨论问题),真正地用课本中学到的知识来分析说明生活中遇到的一些问题,侧重于能力的培养,综合素质的提高,而不只是进行单纯的知识的积累。"活动"内容均有鲜明的启发性和可操作性,为学生讨论、师生交流创造了条件,突出了地理分析、综合、运用等思维能力要求。

高一新教材中的"活动"题共有78题,其中上册有47题,下册31题。活动题目内容丰富,形式多样。既有动手的操作题,如实验证明地球环境存在地转偏向力与热力环流存在。也有动笔的写作题,如调查报告,小论文等。亦有参观调查活动如调查家乡的积温、降水、气象、交通状况及采取措施等。还有查阅资料,如搜集不同国有企业改革,世界早期城市等的活动,等等。活动时间场所多种多样,有的可以在课堂内完成,有些则需安排在课外进行。以活动性质看,有普及性的活动,如讨论会、演讲会等;还有提高性质的活动,如野外考察、撰写小论文等。

(三)"活动"内容实施的原因及意义

地理学科是一门研究地球表面地理事物分布及发生、发展规律的科学,是一门研究人地关系的学科;是一门理论与实际密切结合的学科。理论联系实际,既是辩证唯物主义认识论确立的客观需要,也是各种教育教学活动必须遵循的基本原则。学生现在学习的书本知识,是前人对其实践活动中形成感性知识的提炼与升华。教学中只有重视实践性原则,才能使学生掌握的理性知识建立在丰厚的感性知识基础之上,才能使理性知识具有扎实的根基。只有重视实践性原则,才能使理性知识在新的实践中得到检验,发现不足,得到发展和完善。只有重视实践性原则,才能使学生具备学以致用的意识和能力,才能使学生能用、会用、善用所具备的知识与技能来认识、分析乃至解决面临的实际问题的能力。

强调教学实践性,是因为实践是创新的必要基础与前提。教学中重视实践性原则,才能为学生发现问题、思考问题、解决问题、接触新的场景、确立创新意识与能力提供新的时空。

强调教学实践性,是我国教育模式从"书本—书本"到"书本—实践"转变的客观需要;是适应高考"以联系学生周边的实际"为主要命题取向的教学改革的需要;是我国教育培养的人才在国际竞争中能有较高的竞争力的需要。

目前启用的高一地理新教材,在编写过程中较充分体现了教学实践性的理念,这为地理教师在教学过程中强化学生的实践意识与实践能力提供了广阔的空间。高一地理教学的实践活动的内容与项目,是依据教材的内涵,以绝大多数学生的知识、技能水平,绝大多数学校的教学条件为出发点而进行研究设计的。某些较专一的实践性内容与项目(如天文、地质、地貌、水文等)可在课外活动、兴趣小组或研究性课程中实施。由于我国地域广大,自然条件和社会经济条件差异极大,故列出的内容与项目在实践过程中应遵循因时、因地、因校、因学生而异的原则,遵循发挥本校和本地优势的原则有选择地采用。据有关调查资料显示,学生对新教材中“活动”非常感兴趣,通过对学生调查发现,学生认为“活动”的出现,使原本较平静的课堂活了起来,约有85%左右的同学喜欢“活动”内容的设置;几乎所有同学表示愿意主动参与各项“活动”中去;有一半以上同学认为通过“活动”,自己对学习高中地理的兴趣变浓了,对教师的评价也得到肯定回答;地理教学因有了“活动”,教学内容更加丰富,形式更生动,既活跃了课堂的气氛,又增进师生交流,提高教学的效果。因而教师在对“活动”内容的教学处理上,也就应注重方法的灵活性,形式及成果展示的多样性。

三、“活动”在地理教学中作用的发挥

那么,如何充分发挥“活动”在地理教学中的作用,让“活动”真正地“活”起来呢?在地理教学中可以从以下几个方面进行尝试与努力。

(一)将“活动”的内容有机地融入教学过程之中,提高课堂教学的效果

“活动”中的题目,大多是结合具体的教学内容而设计的,有针对性,教师可以按照教学的要求和学生认识学习的过程规律更多地将“活动”有机融入课堂教学中去,充分发挥“活动”题在巩固知识和培养发散思维、创新能力方面的作用。

1. 把“活动”题作为新课知识的巩固和提高途径之一来处理

在“活动”题,有相当部分的题目,是针对教学内容的巩固和提高而设计的,这些问题的难度不高,学生通过学习是能当场完成的。如2.1大气的组成和垂直分层的活动。为什么说对流层与人类关系最为密切?为什么说平流层是人类生存环境的天然屏障?又如4.2陆地环境组成的地貌活动题,对某地地质剖面的分析等。都可以作为课堂练习或课堂的提问,安排在适宜的时间,引导学生完成。

2. 把“活动”题作为问题提出来,让学生带着问题去学习

提出问题使学生一开始就产生一种刨根究底的求知欲望,从而激发学生参与课堂教学的热情,活跃课堂气氛。如下册“6.2城市区位因素”的活动,分析图6.11中A,B,C三个聚落哪个更有可能发展为城市?为什么?在此题教学中,可以先展示问题,引发思考,让学生带着问题学习“影响城市区位因素”,最后,让学生进行归纳总结。

3. 把活动题内容作为素材,培养学生“说理”和“析事”的能力

教学上把活动中典型的事实材料与教材中案例相结合,相互渗透,相互比

较,明确地理事物的特点。如在工业地域类型的新兴工业区教学上,可以把"活动题"温州乡镇企业发展模式与意大利新兴工业区的发展进行有机比较教学。让学生通过分析比较,了解到两者都属于新兴工业区,工业特点是相似的。但在专业商品基地上存在差异,温州没有形成生产—销售—服务—信息网络,企业之间没有良好的分工协作关系,而是彼此成为竞争对手。

4. 把"活动"作为一项完整活动来操作,充分让学生讨论,主动参与,激发创造性思维

教学中把"活动"演化为一堂"演讲课"、"讨论课"甚至是一节"展示课",充分发挥学生自己讲的形式,发挥学生相互之间对创造性思维的激励作用。据实验测试得知,看和听的思维效率都很低,写的思维效率较高,讲的思维效率最高。有许多思维的飞跃和问题突破,是在讲的过程中,在讨论过程中实现的。而且,课堂教学是一种集体活动,通过讲或讨论,一个学生创造性思维成果往往能激励其他学生进行创造性思维,达到学习目的。如"2.6 气候的形成和变化的活动",可以让学生试做天气预报员,进行天气预报,看哪位同学模拟得最像,预报得最准确。在这样的竞争中,学生既掌握了知识,又锻炼了能力,从而把课堂教学推向高潮。而小型讨论会"气候与人类"就可以是一节很好知识型主题讨论活动,可以让学生充分表达,气候对农业生产、生活习惯、建筑工程等方面的影响。再如"6.5 城市化过程中的问题及其解决途径的活动"题 1 和题 2,可以采用召开辩论赛形式进行,这对锻炼学生思维敏捷性、灵活性,激发学习的激情都会起到良好的促进作用。

(二)"活动"的时间安排由课堂延伸到课外,将"活动"与研究性学习有机结合,结出硕果来

①"活动"中有些内容带有调查研究性质,并不是短时间内能够解决,需要学生利用课外时间进行调查、访问及搜集材料等相关工作。这些"活动"可以与研究性学习课程很好结合,根据学生的兴趣爱好,选择一些与社会生活关系密切的内容,组织学生对其进行课题性研究,使"活动"成为地理课堂教学的延伸或补充,真正使学生学到更多的知识,并通过实践活动,掌握相关技能。如结合下册"工业区位选择"活动和"城市交通运输网"活动等题,采用研究性活动进行。学生以"分析我市工业小区布局合理性"和"我看城市交通现状及对策"为课题,成立活动小组,通过调查、采访、取证等多种方法,进行探究、总结,并写出课题的调查报告。

教材中"活动"作为研究性课题,首先要有选择地把每学期的所有"活动"中那些适合学生作为课题的挑选出来,适当加以拓展,供学生选择,使学生一开始做到心中有数。

② 要注意尊重学生的意愿和兴趣。“活动”作为研究活动的课题,不必要求所有学生参与,强调对课题有兴趣的同学,自由组合,开展活动。如果硬性规定,可能适得其反,会挫伤学习的积极性和兴趣。

③ 教师应加强对“活动”的指导。教师要积极负责,对研究活动进行指导,及时了解学生开展研究活动中碰到的困难以及需要,有针对性地进行指导和帮助,提供信息,启发思路,补充知识,介绍、引导质疑和创新。如做小实验时,要告诉学生带什么工具和材料,做什么,怎样做,做的时候要注意哪些要点。在野外考察时,要根据具体情况,向学生说明每个人的分工项目和内容,观测和观察的方法,具体达到的要求,等等。在资料收集和整理时,要指导学生怎么查,如何收集整理,怎样撰写小论文,等等。每次活动结束后,教师都要认真总结,及时点评,表扬先进,指出不足,并提出改意见。只有这样,才能使活动达到应有的效果。

案例分析

【案例】

气象灾害及其防御

教学准备

1. 教师提出活动主题“气象灾害及其防御”,收集学生意见、建议,最后确定活动内容、形式。

将学生分成 4 个组,每组推选 1 名组长,分别调查:

① 调查当地有哪些主要的气象灾害,曾造成哪些损失,采取了哪些预防应对措施。

② 搜集资料,分析总结某一种气象灾害(世界或我国)主要发生的地区、季节、强度、造成的危害及目前采取的防御措施。

③ 收看或收听中央气象台台风预报,绘制一幅台风移动路径图;收看中央台或地方台气象预报,记录寒潮经过本地前后的天气变化情况(如气温、降水、气压等的变化过程);每组推选 2 名评委在课堂汇报后作出活动评价。

2. 组内讨论活动方案,组长根据方案,明确分工,责任到人。具体为:拟好调查计划,做好组内分工,确定调查对象、方式、途径。

时间安排:第一、二周进行调查、采访(摄像),资料搜集并注明数据来源;第三周进行资料整理、分析,把数据转换成形象直观的图表,形成成果;第四周选择恰当的汇报形式，精心准备；第五周课上汇报，解答同学们想了解的各种相关问题。

师生活动

1. 到相关部门（如气象、农业等部门）、地点进行实地调查、采访，收集整理、统计分析相关资料，形成研究成果。

2. 选择汇报形式并做精心准备。在以上过程中教师要做好提示、协调和帮助工作，如对调查、采访等有困难的小组做好联系、点拨等工作，对数据转换有困难的小组进行个别辅导等。

3. 课堂汇报。每一小组推荐代表上台汇报，解答同学们想了解的各种相关问题。教师适时介入，或以学生身份提出学生没想到但又比较重要的问题，或作赞赏性评价，等等。

4. 学生把最后的研究成果交给老师，教师评定成绩后，千万不能就把成果放在柜子里“睡大觉”，一定要组织学生进行研究成果的交流。交流中同样蕴涵着非常丰富和特有的素质教育价值，绝不能走形式。

论文交流有以下几个主要程序：

① 小组代表发言。其内容主要包括三个方面：陈述论文主要内容；重点介绍自己研究成果中的独到之处；谈谈对研究性学习的一些突出体会。

② 其他组的同学提出质疑，小组进行集体答辩。

③ 最后由教师小结。

活动总结

活动总结要做到个人自评，小组评价、小组互评，老师评价相互结合。

小组评价、小组互评、老师评价可以采用表16－1。

表16－1　评　价　表

评价指标	分值	得分	总分
调查方式的运用状况	6		
组织状况	6		
与组员合作程度	10		
介入程度	10		
主动发表意见程度	5		
意志、毅力与研究程度	5		
“参与障碍”（交往技能差、人际关系不良等）的排斥程度	5		

续表

评价指标	分值	得分	总分
搜集、整理、分析地理信息能力	5		
活动中提出问题的质量	8		
活动中解决问题的质量	15		
成果质量	10		
汇报者能力	10		
学习过程的快乐程度	5		
活动中的收获	5		
活动中需要改进的地方	5		
需要继续探究的问题	5		

注:个人自评表无第2、第12项,其他指标大致相同。

【点评】

通过论文交流,在交流过程中,学生的概括能力、语言表达能力、质疑能力、应变能力、合作能力等得到综合锻炼,不仅给学生提供了相互学习的机会,也给了学生充分展示自己才华的机会。

资源链接

[1] 齐渝华.在活动中体验　在活动中发展——人教版义务教育历史课程标准实验教科书七年级“活动课”设计说明.中小学教材教学,2002,(20):2-5.

[2] 廖惠荣.谈新课程理念下的地理课堂教学策略.淮南师范学院学报,2007,9(3):76-78.

[3] 张其平.中学地理教学的优化处理.文科教学探索,2007,(6):35-37.

[4] 黄端端.论中学地理教育中的地理实验教学.四川教育学院学报,2007,23(4):94-95.

[5] 陈琳.新课程地理活动教学.广东教育:教研版,2007,(4):48.

[6] 金姝兰,金威.地理实验对中学地理教学影响的实验研究.广西教育学院学报,2004,(6):84-87.

[7] 李景霞,王丽宏.以高中地理为例,谈课程开发中探究式活动的设计.教育探索.2007,(9):70-71.

[8] 王素琴.在地理教学中激发学生学习动机的尝试.教育理论与实践,2006,26(6):48-49.

[9] 周素王.新课标下高中地理教学的新方法.中学地理教学参考,2005,(7-8):79.

教学反思

【反思文章】

地理课堂教学活动组织探讨①(有删改)

随着新课程改革的深入,学生是学习的主体、"教"为"学"服务的观念已成为广大教师的共识。当前各种学习活动已成为课堂教学中普遍采用的形式,但活动不能只讲求形式,更要注重实际效果,如何让课堂教学活动"活"得起来,"动"得有效,就成为教师应深入研究的问题。

从教学实践来看,活动的组织要注意以下几个方面:(1) 活动的设计要贴近学生生活,要注意调动学生进行观察体验。(2) 活动中要求学生积极动手操作,加深感受和理解。(3) 要巧用新奇材料,刺激学生,激发学生投入活动中。

通过学生的合作实践探究,一方面,学生学会了举一反三,提高了解决类似或相关问题的能力,将知识吸收、内化为能力;另一方面,学生的个性和特长得到尊重和发挥,增强了他们的自信心,进一步提高了学习的兴趣。另外,在合作实践探究的过程中,为了达到共同的学习目标,小组成员之间需要互相了解、彼此信任,经常进行交流、互相帮助和支持,这无疑促进了学生与学生之间合作性的提高,同时使彼此间的关系更为和谐、融洽。

【反思探究】

地理学科是一门实践性很强的学科,而担负着地理基础教育的中学地理教育却还在一定程度上存在重理论、轻实践、忽视实验教学的现象,这势必要影响中学地理教育质量。普通高中《地理课程标准(实验)》提出要"重视对地理问题的探究。倡导自主学习、合作学习和探究学习,开展地理观测、地理考察、地理实验、地理调查和地理专题研究等实践活动",在其课程目标中提出让学生"学会独立或合作进行地理观测、地理实验、地理调查;掌握阅读、分析、运用地理图表和地理数据的技能"。可以看出,新地理课程对地理实验教学从课程理念到

① 文章来源:《地理教育》2006年第5期。作者:梁华红,广州市第16中学。

课程目标都已经有了明确的要求，十分强调通过地理实验与实践活动使学生亲身体验地理知识，增强地理技能。正确处理好高中地理新教材“活动”内容，用好活动题，对于帮助学生理解，掌握和巩固课堂知识，培养和提高学生分析、观察、思维、实践、创新的能力，以及研究与开发地理活动性课程都起到了积极的作用。

郑 重 声 明